汉字人间

一

一苇 著

山东友谊出版社·济南

图书在版编目（CIP）数据

汉字人间．一／一苇著．-- 济南：山东友谊出版社，2025. 2. -- ISBN 978-7-5516-3347-5

Ⅰ．H12-49

中国国家版本馆 CIP 数据核字第 2025DX2524 号

汉字人间　一

HANZI RENJIAN　YI

策划统筹：何慧颖　郭海龙　王俊杰
责任编辑：张亚欣　王　苑　赵　锐　刘一凡
装帧设计：刘一凡
插图绘制：刘一凡　宋炎锟　宁惜乔

主管单位：山东出版传媒股份有限公司
出版发行：山东友谊出版社
地址：济南市英雄山路 189 号　邮政编码：250002
电话：出版管理部（0531）82098756
发行综合部（0531）82705187
网址：www.sdyouyi.com.cn
印　　刷：山东黄氏印务有限公司

开本：710mm×1000mm　1/16
印张：18　**字数：**200 千字
版次：2025 年 2 月第 1 版　**印次：**2025 年 2 月第 1 次印刷
定价：98.00 元

导言

画一幅画，讲一个故事。古人在造字之初，都不约而同地选择了象形文字，比如古埃及的纸草文字、古巴比伦的楔形文字、中国商朝的甲骨文字……

可是，随着人类社会的发展，大多数象形文字的生命在某个历史时期戛然而止。它们承载着那一段鲜为人知的文明剧情，在我们回望的视野中湮没难寻。

但有一种象形文字一直生生不息，以顽强的生命力延续到了今天。这就是我们的汉字。

为什么汉字能够穿越漫长的时空隧道，存活至今？这或许与汉字出现之前发生的一场奇迹有关。

汉代文字学家许慎撰写《说文解字叙》时，在讲述文字发明之前，出人意料地讲述了另一件大事，那就是伏羲创易八卦。

虽然这只是一个美丽的传说，但它说明，在很早很早以前，我们的祖先就开始尝试画一些符号，记录下观察到的一切，并注入自己的情感。于是，这些符号就被赋予了生命。

那么，文字成形之前就出现了符号组合，这是不是历史的真实呢？

考古发现告诉我们，这的确是历史的真实。

我们今天可以见到的最早的刻画符号，出现在八千多年前的贾湖遗址。非常神奇的是，其中最多的符号居然与商代的甲骨文类似，是刻画在龟甲之上的，比如有一只十分形象的眼睛。

人类正是用这只眼睛来观察我们自己，观察我们自己之外的世界，这是中国古人创造文字的灵感源泉。许慎依据《周易·系辞》，将它总结为“近取诸身，远取诸物”。不知这一时期，是不是中国人的人文始祖伏羲氏生活的时代。

两三千年之后，或许是黄帝生活的时代，在仰韶文化遗址、大汶口文化遗址等许多遗址中，都出现了数量更多的刻画符号，当代学者普遍认为这就是婴儿期的中国文字。仓颉（jié）造字，正是黄帝时代发生的事。

仓颉造字，是中国历史上的一件大事。凡有大事发生，中国人总是习惯伴以一种神奇现象的出现来描述，这一次出现的神奇现象是“天雨粟，鬼夜哭”——天上下的不是雨，而是小米；夜深人静时，人们能听到鬼的哭声。

为什么会出现这种神奇现象？因为文明时代的大幕即将徐徐拉开，蒙昧将一去不复返。

仓颉造字当然只是一个传说。其实，文字与人类文明史上的许多其他发明一样，是由多少代人共同完成的。发现于一百多年前的甲骨文，距今有三千多年的历史，而甲骨文已经是一种成熟的文字，所以把汉字的发端上推到大约五千年前的黄帝时代，不会有太大的出入。美中不足的是，我们还缺少一个考古的证据。

那么，这种来源于画画讲故事的中国文字系统，最大的特点是什么？

按照许慎的说法，就是文与字的不同——先有文而后有字。

文，是什么？

“文”字的甲骨文和金文字形透露了原始的信息：一个正面站立的人，胸部被夸大了，上面画着或刺着纹饰，比如一个心形、一弯月牙、一条弯曲的河……这或许就是最古老的文身。

或许同一个族群的男子采用同样的图画作为文身。这是最初的族群认同，同时也是民族认同感的源头。所以，相同的“文”正是同一文化最基本的认同。

由此可见，“文字”的“文”，就是指画一个符号代表一种含义，而这个含义在一定范围内被普遍认同。

文

火

木

月

最初的“文”就是画画讲故事。

所谓画画，就是用一幅简笔画表达一个非常明确的含义。比如画一簇火焰，就是“火”字；画一棵树，就是“木”字；画一弯月亮，就是“月”字……

这叫象形。

休

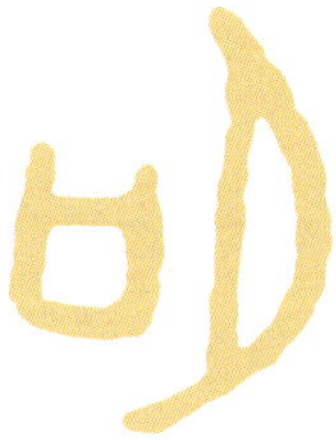

名

所谓讲故事，就是画两个或两个以上的符号组成一个图形，使人一眼就能看出它所要表达的含义。比如画一棵树和一个靠在树旁的人，这是“休”字，表达休息的含义；画一弯月亮和一个口，这是“名”字，意思是晚上看不清人，如果找人就要叫他的名字……

这叫会意。

画画叫象形，讲故事叫会意。

但有一个问题，通过象形和会意造出的字形数量有限，往往同一个字形在不同的语境中可以表示不同的意义。

比如“韦（韋）”的字形——中间是一片区域，上下左右有数量不一的几只不同前进方向的脚。它可以表示向不同的方向走，可以表示绕着一个地方转圈，还可以表示护卫这个地方。这就难住了我们的古人。

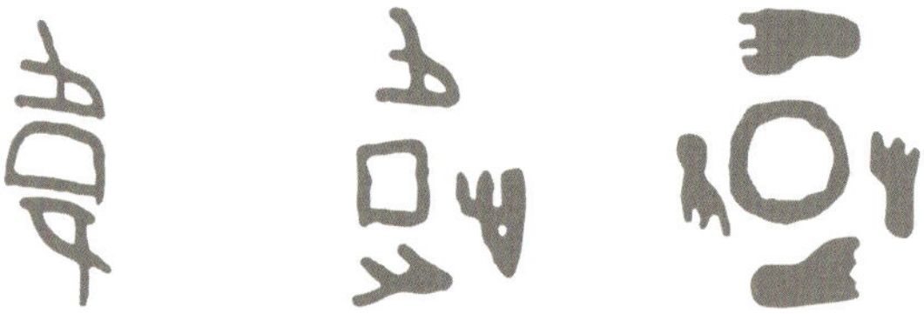

韦（韋）

字

如果我们的文字仅仅停留在这个阶段，那么中国字同样摆脱不了死亡的命运。

于是，“字”出现了。

“字”的字形是一座房子里面有一个小孩子。按照分类，这是一个会意字，意思是在房子里养育孩子，进一步可以表示一个家庭繁衍出许多后代，这就是“滋生”的含义。

这个字被用到文字学中，意为由“文”通过增加字符，衍生出更多的字形。衍生出来的新字形，就叫作“字”，其中最大的一类就是形声字。从此以后，中国字不仅有形有义，还有读音。中国字不用字母的形式，同样可以表达出读音，这是中国古人的伟大发明。

其实，早期的形声字，表示读音的部分同样具有含义，这完美地解决了中国古文字一字多义给我们造成的困扰。

比如前面说到的“韦（韋）”字，加上一个“辶”，形成“违（違）”字，表达朝相反方向走的含义；画一个方框把它框起来，形成“围（圍）”字，表达围绕的含义；把“行”字拆成左右两个部分，中间夹一个“韦（韋）”，形成“卫（衛）”字，表达通过行进来护卫这个区域的含义。这样一来，专字专用，就不会再有含义上的混淆了。

至此，中国的文与字臻于齐备，自汉代隶书基本定型后，一直沿用至今。

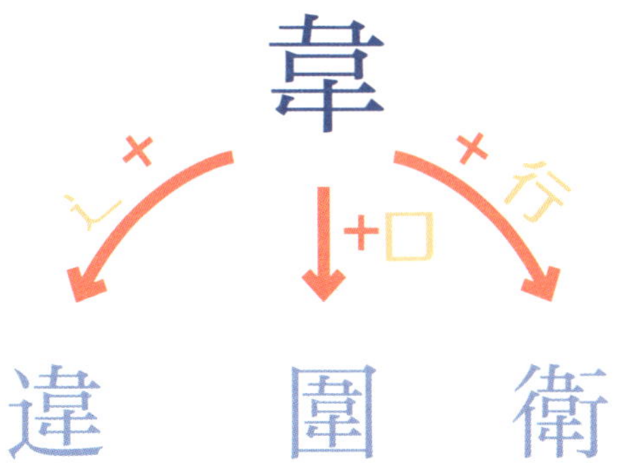

汉字以它的特质，成为人类文字之林中一道鲜活的风景。

每一个汉字都有一个故事，每一个汉字也都是一部人类成长史。

饱经沧桑的汉字伴随着一脉相承的中华文明从历史深处走来，始终不离不弃。即使站在今天回望，当年隐没在古人造字灵感背后的一幕幕悲喜剧，也依旧能让我们感受到来自远古的人间温度。

汉字人间 一

目录

漢字入門

1

一个人
两个人

我是谁？我从哪里来？

这是人类永恒的哲学命题，造字时代的古人同样无法回避。所以，表达人类自身的“人”字，是古人造字首先要解决的问题。

那么，如何来造“人”字呢？最简单的办法就是画一个人形。

但人可以是正面站立，也可以是侧身站立。究竟应该如何选择呢？

正面站立的人展开双臂，叉开双脚，充满自信。

侧身站立的人俯首弓背，合掌作揖，充满敬畏和虔诚。

如果一个人站在局外，作为观察者来观察人类，则人类是万物之灵，正如老子所说：天大，地大，人亦大。人是天、地、人“三才”画龙点睛的一环，自然是满怀自信。

如果一个人不再站在局外，而是置身其中，那么上有天、下有地，这时候就会发现，在浩渺宇宙间，人类原来如此渺小、如此微不足道，所以心存敬畏，才是立身之道。

既然“人”是人类自指，置身其中的选择才更恰当。因此，我们的祖先选择了侧身弓背的人形作为最初的“人”字，一开始就把敬畏心沉淀于我们的基因之中。或许，这也是五千多年中华文明生生不息的原因之一。

那么那个正面站立的人怎么办？当然不能废弃。既然天大地大人亦大，就把它留给“大”吧，而不再为人类所独自占有。

人是一个大的概念，它涵盖了所有历史进程中的全人类；人也是一个小的概念，它可以具体到我们每一个人。

人，其实也是一个从生到死的人生过程。如果想把人讲清楚，最好的办法就是梳理人的一生。

恰好有一串汉字——**身、胎、毓、子、保、字、儿、学、夫、冕、修、儒、文、立、长、老、孝、死、葬、鬼……**它们看起来毫无瓜葛，却从造字法和字义内涵上完整讲述了人的一生。

我们就从生命的萌动开始讲起吧！

很久很久以前，有一个叫姜嫄的女子，独自一人来到郊外，发现了一个巨人的脚印。出于好奇，她跳到了巨大的脚印中。意外的事情发生了，她感到身体猛地一动，腹中生出一种异样的感觉，她怀孕了。大约十个月之后，她生下一个婴儿。

姜嫄觉得这个婴儿不吉利，多次尝试扔掉他。第一次，她把婴儿抛弃在狭窄的小巷里，一群牛羊从这里经过，神奇的是，牛羊从婴儿的身边绕了过去，并没有踩到他。

第二次，她准备把婴儿扔到森林里，恰好遇到许多人在伐木。她等了很久，也没有找到机会。

又一次，她把婴儿放到了河渠的寒冰上，却见天上有鸟儿飞来，用羽翼包裹他，温暖着他的身体。

姜嫄感觉很神奇，不忍再弃，把他抱回家精心抚养。因为曾多次试图抛弃他，所以为他取名“弃”。弃，成为后来周人的祖先，并成为我们这个农耕民族的农业之神——后稷。

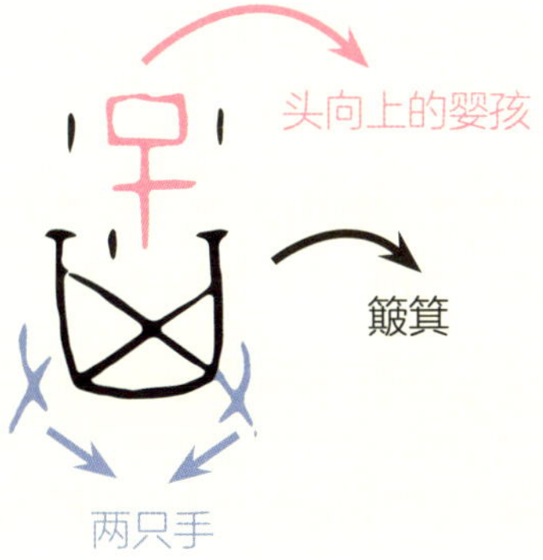

甲骨文“弃（棄）”

“弃（棄）”的本义是抛弃婴儿。甲骨文字形上部是个婴孩，中间是簸箕，下面是两只手，就像一双手端着簸箕将孩子抛弃掉。后来，“弃”又引申出废除、违背等义，如“废弃”“背弃”等。

姜嫄跳到巨人脚印中感觉身体猛地一动，这个情景就是“身”字最初字形的写照。

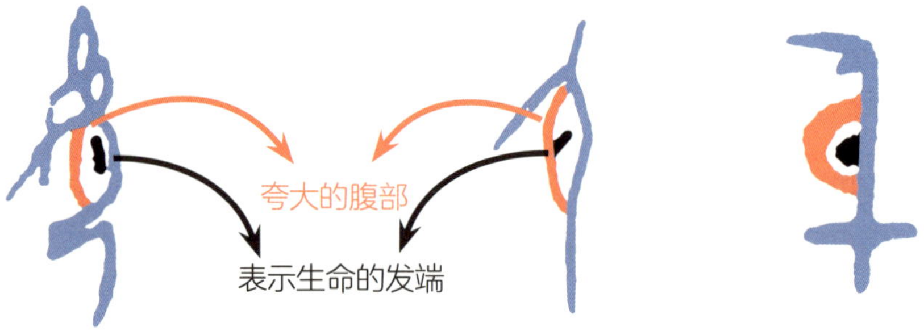

甲骨文　金文

身

甲骨文和金文的“身”字，是一个人形，夸大了腹部，然后在腹部中间点一个点儿，表示怀孕的一瞬间。这一点儿就是我们每个人生命的发端，是我们整个人生的起点。“身”的造字，体现出这个字最初的含义是母亲怀孕。

从母亲意识到一个新生命出现在体内开始，母爱就成为母亲一生的背景色。人类正是在这一温暖的底色中一代代繁衍生息，演绎出一幕幕生动的历史剧。

一个点儿，总要慢慢长大，逐渐变成有形的胎儿。

胎儿早期看不出四肢，像一条鱼，而且出生前头朝下，身子在上，呈倒置状态。依照这种形态，古人造出“厶”（sī）字，表示胎儿。

后来，为了区别于这个字的其他含义，在表示与胎儿相关的字义时，古人在“厶”下加一个“口”字，造出了“台”。所以，“台”字表示的就是胎儿。

因为“台”字兼具其他含义，为方便区分，古人在“台”旁加一个“月（肉）”，表示胎儿是一种肉体，至此，“胎”字终于可以专字专用了。

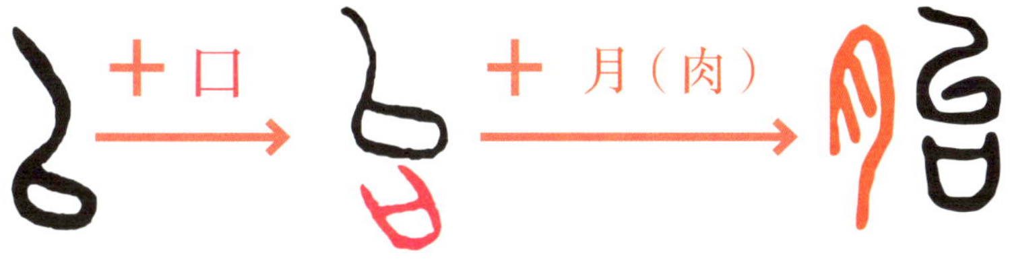

金文“厶”　金文“台”　篆书“胎”

古人在“台”旁加一个“女”字，造出“始”字，表示胎儿的生命来自女性。

所有人的生命都源自母亲的孕育。不仅仅是生命，一切事物都有其发端，所有发端也都可以借用“始”字来表达。

金文“始”

胎儿在母体中一天天长大，母亲就是他的全世界。终于有一天，胎儿发育成熟，离开母亲的身体，来到大千世界。

胎儿离开母体的过程叫作分娩，古人专门造了一个“毓”（yù）字来描绘这一场景。

甲骨文和金文的“毓”字仿佛一幅生动的分娩图：母亲半跪着，身体下方有一个头朝下的婴儿，婴儿下方还有三个点，这三个点象征分娩时流出的羊水。

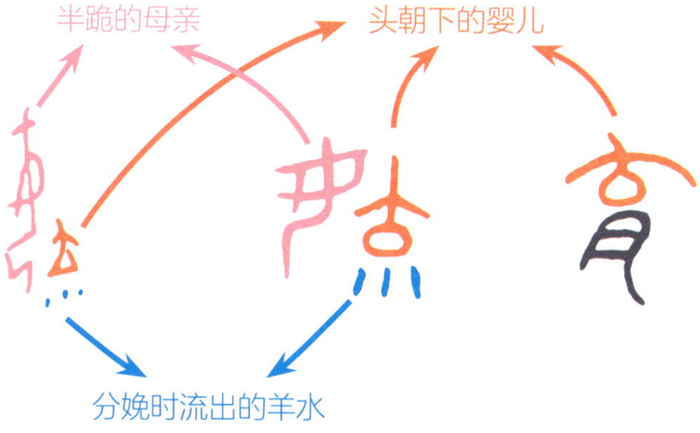

甲骨文“毓”　　　　金文“毓”　　篆书“育”

头朝下的婴儿加上三个点，这个字形后来写作“㐬”（liú），是“流”的本字。

婴儿呱呱坠地，是源于母亲的孕育；母亲之所以成为母亲，是因为婴儿来到了人世间。“毓”字呈现的美好画面，充满着浓浓的感恩之情。其中，既有儿女对母亲的感恩，也有母亲对儿女的感恩。

后来，人们为了书写方便，又造出一个简化的字——“育”，来表达这个含义。

“毓”的甲骨文字形中用倒“子”的样子，表示婴儿出生时的状态。因为在分娩时，正常的胎位是头部朝下。

婴儿落地后，成为独立的人，所以代表婴儿的“子”字，就写成了头朝上的样子。

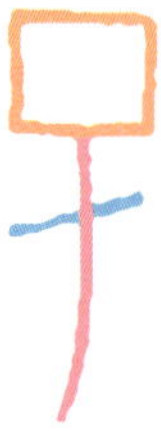

甲骨文

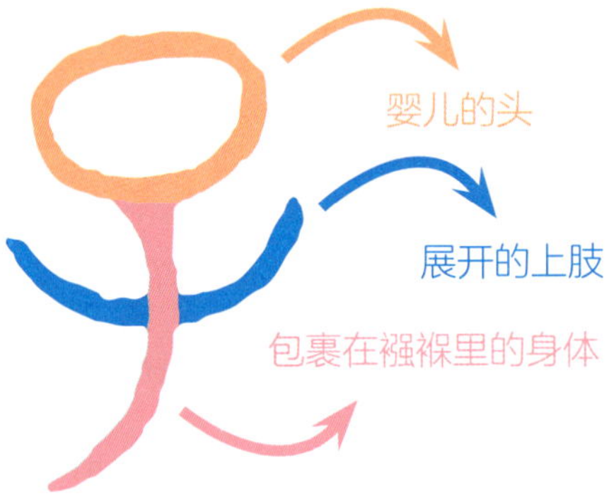

金文

子

与“人”字相比，“子”的字形有两个重要特征：一是头部夸张，因为婴儿的头部在整个身体中所占的比例比成年人大得多；二是上肢伸展而下肢并拢，这是婴儿在襁褓（qiǎngbǎo）中的状态。

“褓”的本字写作“保”，表示保育之义。“保”的最初字形有两种：一种像是父母把孩子抱在怀里，另一种像是父母把孩子用兜布背在背上。后来，第二种字形成为主流。

把孩子抱在怀里的字形

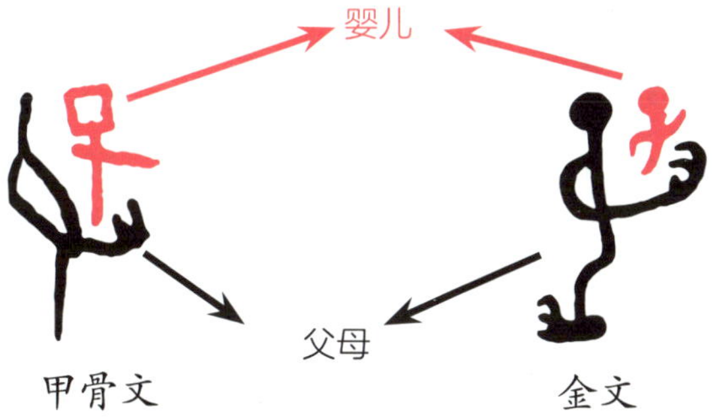

把孩子背在背上的字形

保

无论是抱在怀里还是背在背上，“保”都生动体现出父母对孩子那种润如春雨、深似大海的爱。

当父母慢慢老去，需要有人照顾的时候，儿女又成为父母的依靠，对应的汉字，就是我们后面将要讲到的“孝”字。

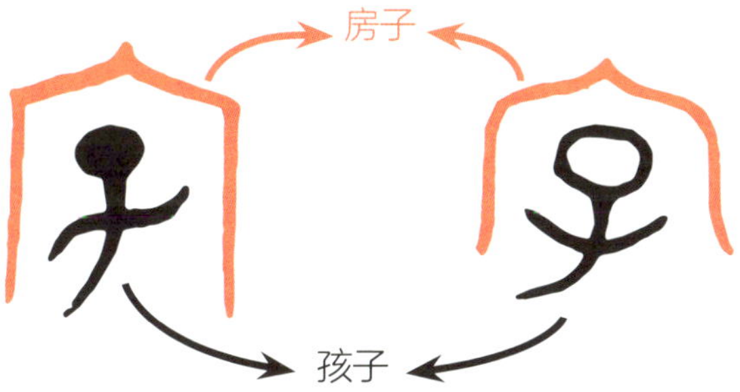

金文“字”

婴儿还幼小的时候，大多被安顿在家中养育。你知道吗？最早表示这个阶段的汉字竟然是“字”。

在商代金文中，“字”的宝盖头来源于房子的象形，而下面的“子”，一来表示养育在家中的孩子，二来表示这个字的读音。

由养育之义引申，“字”又可表示滋生。女子要想生育，首先得许配于人，所以，“字”又引申出许配、嫁的含义。古时候说女子“待字闺中”，指的便是女子还未出嫁。

“文字”的“字”，是生育一义引申的结果。许慎在《说文解字叙》中说，仓颉在造字之初，大抵是依照事物的形象画出它们的图形，这就是“文”；由“文”衍生出更多的字形，这就是“字”。

也就是说，“文”表示事物的自身特征，“字”是由“文”滋生出来并且逐渐增多的。

婴儿一天天长大，终于脱离襁褓，开始咿呀学语，蹒跚（pánshān）学步，进入幼儿阶段。

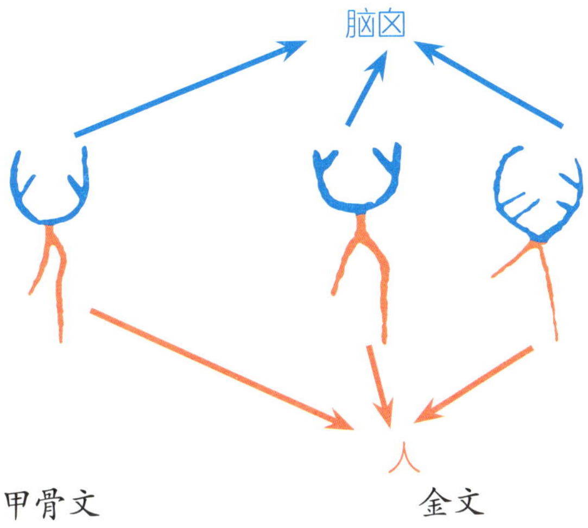

儿（兒）

幼儿的脑囟（xìn）还没有完全闭合，古人据此造了一个“儿（兒）”字——下面一个“人”，上面一个大大的脑袋，代表人的幼儿阶段。

不信你看，甲骨文、金文的“儿（兒）”字形态各异，但共同特点就是头顶的囟门没有完全闭合。

幼儿要学跑、学跳、学说话，还要学劳作、学礼仪、学知识，可以说，“学”贯穿了幼儿成长的全过程。

要学的东西如此之多，那么，在古人看来，幼儿最应该学的是什么呢？竟然是算术！

你看“学（學）”的字形：上面是两只手和算筹，下面是孩子在房屋中，会意小孩子在学习使用算筹计算。

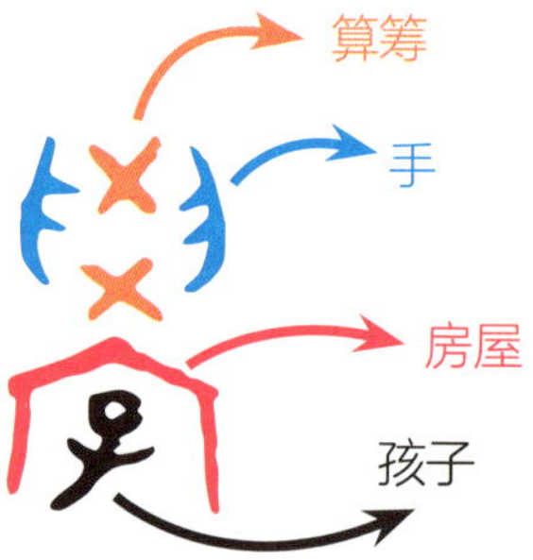

金文“学（學）”

甲骨文“教”

有学就有教。“教”的字形中同样有算筹、有孩子，只是旁边还有一只拿着棍子的手。可见，“教”是有外力施压的，带有强制性，而“学”偏于主动，强调自觉性。

被动学习不快乐，主动学习才开心。如何变痛苦为愉悦呢?

孔子说，“不愤不启，不悱（fěi）不发”，即先让孩子自己思考，在他们即将想明白却还没想明白的时候，适当点拨。这种点拨可以带孩子走出“山重水复疑无路”的困境，获得“柳暗花明又一村”的灵感，激发孩子主动探索的欲望，从而让他们感受到学习的乐趣。

孔子还说，“学而时习之”，指的就是这种带有快乐体验的学习。你看，“习（習）”字的甲骨文字形，便犹如一只鸟在日光下练习飞行。

甲骨文“习（習）”

针对从婴儿到可以学习的年龄这一阶段，先贤们有着不同的思想寄托。

老子认为，婴儿的境界是一个人修行的终极归宿，他说：“专气致柔，能婴儿乎？”婴儿刚刚来到世间，还没有被这个陌生的世界沾染任何颜色，这种纯净，是人回归本心的前提。用通俗的话说，就是我们要始终保有一颗童心，有了这颗童心，就有了幸福的保障。

与道家的“绝学无忧”相比，儒家对于“学”有不同维度的理解。孔子认为，一个人要立足于社会，在成长的过程中必须立志学习。在《论语》中有一个著名的庭训故事，讲的是孔子对儿子孔鲤的教导。

孔子弟子陈亢曾问孔鲤：“你从老师那里有没有听到我们平时听课听不到的内容？”

孔鲤的回答是“没有”，而且对他讲了一段自己与父亲的对话。说是有一天孔鲤从庭院中经过，孔子叫住了他，问他：“你学诗了没有？”孔鲤说：“没有。”孔子告诉他：“不学诗，无以言。”于是孔鲤回去开始学习诗。又有一天，孔鲤从庭院中经过，孔子叫住了他，问他：“你学礼了没有？”孔鲤说：“没有。”孔子告诉他：“不学礼，无以立。”于是孔鲤回去开始学习礼。

在孔子眼中，人生就是一个不断学习和实践的过程。

随着光阴流转，孩子一天天长大，终于成年。

多少岁算成年？在中国古代，说法不一，大致是在十五岁到二十岁之间。

从意识层面来看，主动学习，是成年的一大标志。

孔子曾说：“吾十有五而志于学。”可见，在孔子看来，十五岁就应该“志于学”，去主动探索世界的真相了。因为到这个年龄，人的心智已经基本发育完备，不应该再止步于被动地学习识字、算术这些基础知识，而应该去主动学习成人的道德礼仪，培养正确的是非观。

从外在形象上来看，束发是成年的一大标志。

古人以头发的不同来划分年龄。如陶渊明《桃花源记》中的“黄发垂髫（tiáo）”，“黄发”指长寿的老人，“垂髫”则指短发自然披散的幼儿。

除了黄发、垂髫外，总角、束发、及笄（jī）、弱冠等，也表示年龄的不同阶段。

古时八九岁到十三四岁的孩童，把头发中分开来，在头的两侧束成两个如牛角的发髻（jì），这就是“总角”。后来人们常说的“总角之交”，即指称幼年时代就交好的朋友。

“及笄”是女孩子的成年礼。大约到了十五岁，女孩子就会把头发绾（wǎn）起来，插上发簪（zān），表示自己已经成年，可以许配人家了。

男孩子在行过成人礼后要结发戴冠，但因为他们在这个年龄阶段身体还不够强壮，所以被称作“弱冠”。

“夫”字形象地表现出了古代男子成年后的样子。

“夫”字的主体是一个正面站立的人，也就是“大”字。在“大”字上面加一短横，就像是男子把头发绾到头顶，再插上发簪固定。你瞧，玉树临风、丰神俊朗的美男子形象是不是跃然纸上？

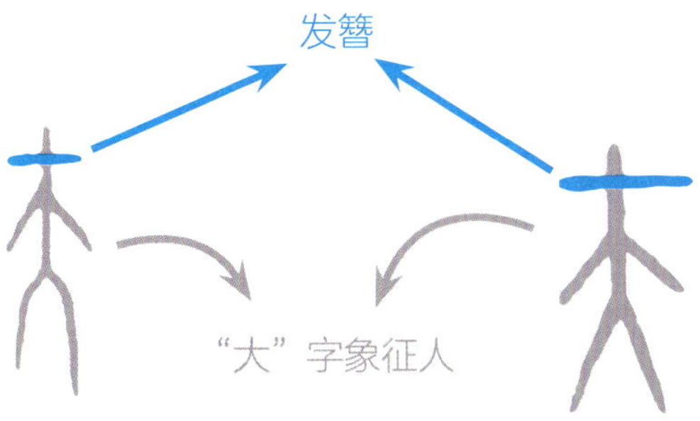

甲骨文　　金文

夫

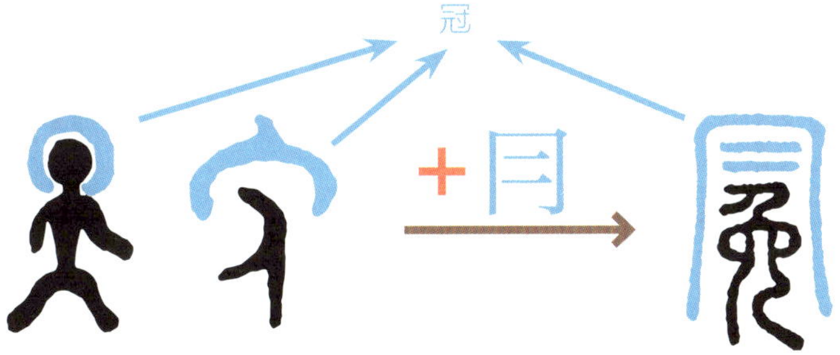

金文“免”　　篆书“冕”

把头发绾结于头顶以后，还会用布一类织物包裹起来，或者戴上一顶帽子，这就叫作冠或者冕。“冕”的本字是“免”，“免”字的金文，就是一个人头戴帽子的形象。

成年可不只是把头发绾束于头顶这么简单，更重要的是通过修行，成为人格健全的人。

修的是什么？是孔子提倡的君子之道。

如何修？答案或许得从“修”的字形中找。

“攸”是“修”的本字，甲骨文和金文的“攸”字，左边是一个人，右边是一只持棍的手，会意用棍子来掸掉自己身上的灰尘。如果觉得敲打还不足以清洁自身，就再用水清洗，因此，金文字形中又加了一道流水。

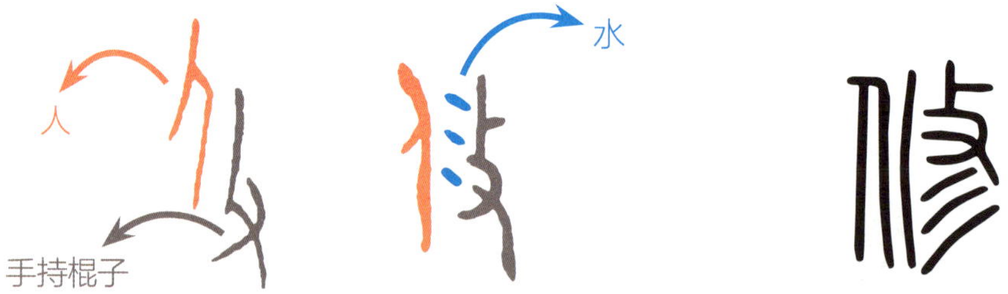

甲骨文　　金文　　篆书“修”

攸

后来“攸”字被借走，作为助词用于“生死攸关”等词语中。古人就在“攸”的基础上增加了“彡”（shān），造出“修”字，表示不仅要清洗干净，还要加以修饰。

通过自身的反省来达成内心的清洁，进而成为一个高尚的人，这就是儒家的修行。

“修”字在古代还有另外一种写法：把右侧下面的“彡”换成“月（肉）”，写作“脩”。其实，“脩”的本义是长条干肉，与“修”的含义不同。孔子曾说：“自行束脩以上，吾未尝无诲矣。”人们大多把“束脩”解释为十条干肉，这应是异体字干扰所导致的误解，毕竟传言孔子弟子三千，真若每人送上十条干肉，他收下的干肉就要达到几万条，这不合常理。所以，孔子所说的“束脩”，就是把头发束起来开始修行。这句话的意思应该是：到了可以行束脩之礼的年岁，只要愿意跟我学，我没有不教的。

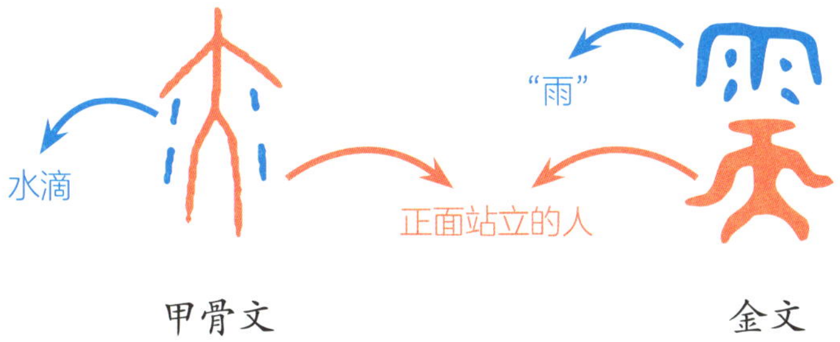

需

“儒”的造字与“修”相近，字形由“人”和“需”构成。“需”字在甲骨文中，是一个正面站立的人，腋下有水滴，会意正在洗浴。金文字形把水滴移到上方，变成了“雨”，会意水从上方流下。

“需”加“水”，会意濡湿，变成了“濡”字；加“人”，会意洗浴的人，变成了“儒”字。

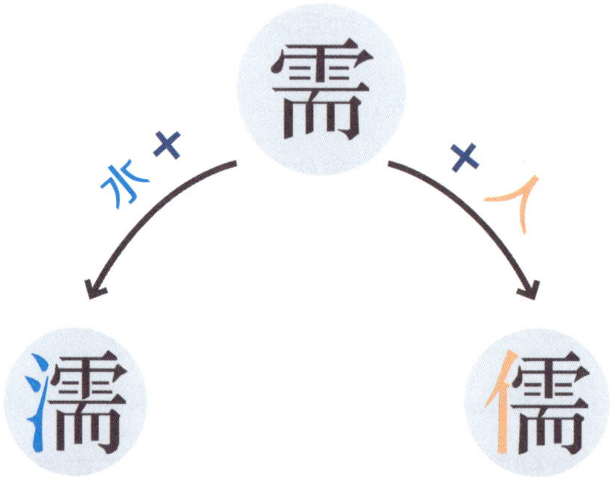

那么，是什么人在洗浴呢？原来是有资格参加祭祀的人。古人在祭祀之前必须沐浴斋戒，这些有资格参加祭祀、在祭祀之前沐浴斋戒的人就是“儒”。

“儒”一般属于知识阶层，真正的儒者不会忘记“儒”字的来历，他们总是洁身自好，以虔敬之心修行，一生致力于提升自己的品格，践行孔子提倡的君子之道。

君子之道是内在修养，外化出来，则是儒雅的言谈举止。用一个字概括，就是“文”。

在生活当中，一个人为人处世表现出的和谐之美，就是“文”。“文”因适度而真淳，过分的修饰会使人偏离君子之道而走向虚伪。因此，孔子提倡“文质彬彬”，赞誉内外谐调、华实相称。

金文“文”

“文”的本义是文身，引申的含义之一是美好品格的外现。

践行内修外文的君子之道，人就可以在社会立足。“立”的早期字形是一个正面站立的人，下面加一横，表示脚下的大地。找到立足之地，是做一切事情的前提，所以“立”也具有开始的含义，如立春、立夏、立秋、立冬。

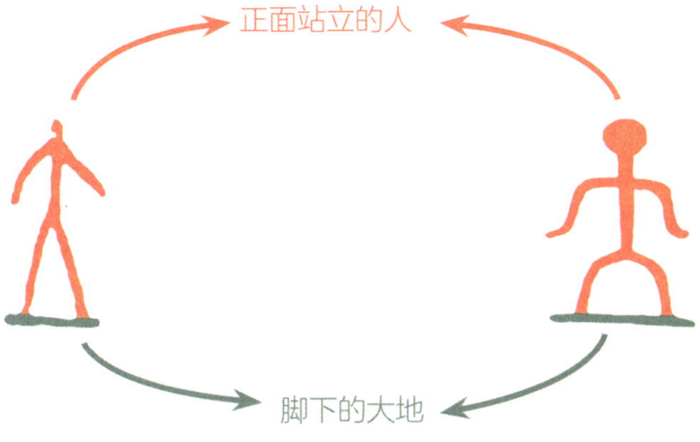

甲骨文　　金文

立

一年之计在于春。

立春是二十四节气的第一个节气，代表着春天的到来。养精蓄锐一个冬天的农民开始准备春耕，由此衍化出“打春牛”的习俗。

“春牛”用泥土塑成，人们用彩色的鞭子鞭打春牛，象征着新一轮的耕作开始了。

一个内修外文的人，在立足于世的同时，还有着更高的追求，这就是“立德”“立功”“立言”三不朽。

“三不朽”出自《左传》：“太上有立德，其次有立功，其次有立言，虽久不废，此之谓不朽。”

这是春秋时鲁国的叔孙豹与晋国的范宣子就何为“死而不朽”展开讨论时，叔孙豹发表的看法。

修行的最高境界是树立德行，其次是建立功业，再次是创立学说。一个人在这三个方面的成就是与天地同久的，所以被称作不朽。

“立”，是立足社会，是在对他人、对社会的贡献中成就自我。立足与成就互为因果——因为可以立足，所以有所成就；因为有所成就，所以可以立足。

关于“立”的年龄，孔子说：“三十而立。”

三十岁距离“志于学”的十五岁，恰好十五年。这是束发修行的十五年，也是勤学不辍的十五年，可以说，人一生的成就，都源自这场始于十五岁的修行之旅。

过了而立之年，接下来是“四十而不惑”，“五十而知天命”，“六十而耳顺”。

如何来表示年龄的增长呢？

古人想到的仍然是头发的变化，于是用长长的头发来表示年长，这就是“长（長）”字的由来。

甲骨文的“长”字，是一个年长者的形象：长发驼背，手拄拐杖。

这里的拐杖有两层含义：一是表示这个年龄的人行走时需要有个依靠；二是表示因阅历丰富，老人的意见和看法会得到身边人的普遍尊重，由此，拐杖也是威望的象征。《后汉书·礼仪志》中说，东汉时期，朝廷每年宴请年届古稀的老人，并赐给他们每人一柄精美的手杖。

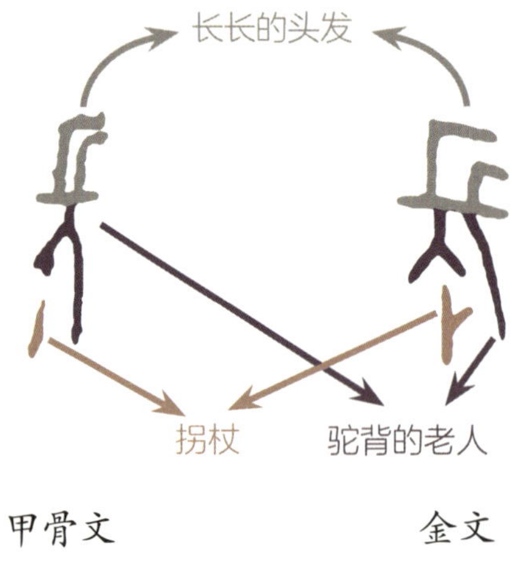

长（長）

与“长”字相近的还有“老”字。甲骨文的“老”字也是一个长发、驼背、手拄拐杖的老人形象。不同的是，“长”字强调长头发，“老”字强调拐杖。

“长”与“老”都与年龄有关，而两个字合在一起的“长老”，则是对老年人的尊称。

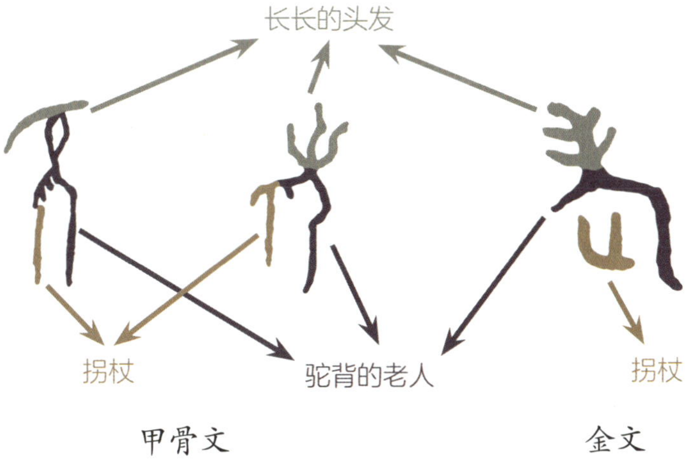

老

与“老”字相关的还有一个“孝”字。

当老人只是一个人时，他所依靠的是手中的拐杖，但如果把拐杖换成一个“子”字，老人所依靠的就是他的子女，这就是“孝”字的由来。

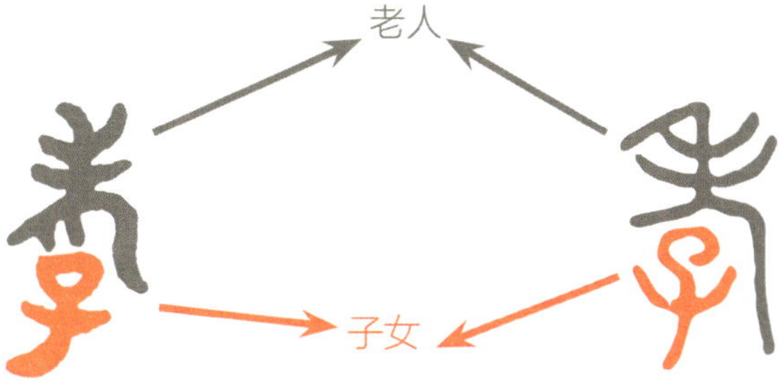

金文　　篆书

孝

在中国传统文化中，孝被视为立身之本。所谓“百善孝为先”，就是说判断一个人品行如何、是否可交，首先要看他对父母是不是有发自内心的尊重和关爱。

孝文化是儒家仁爱精神推己及人的原点，“孝”字是对“保”字的回应。“保”字由一个成年人和一个孩子组成，孩子或被抱在怀里，或被背在背上，表达的是父母对儿女的呵护与养育；而“孝”字是儿女变成了老人的依靠。

这一对回应完美地诠释了亲慈子孝的人伦之始。所有的江河湖海都由一滴滴水汇成，而一个亲慈子孝的家庭就是充满生机的人类社会的广阔海洋中的那一滴水。

人生仿佛是一趟单程列车，人衰老到一定程度，死亡便会不可避免地降临。面对死亡，古人有着深沉的思索。

你看他们造出的“死”字：一个象征枯骨的字形旁边，跪着一个低头哀悼的人。逝者的生命气息已然消散，再也无法对生者做出回应；长跪不起的生者心中，弥漫着浓烈的眷恋与哀伤，久久无法散去。

从这个角度来说，“死”字表达的其实是生者的情感。

死亡并不是结束。虽然它是一个人生命的终结，但也是这个人在亲朋心中另一种存在的开启，其间蕴含的，是一种血脉的延续与文化的传承。

为了寄托这种情感，或许从旧石器时代起，人类就有了埋葬的习俗，并演化出葬礼。

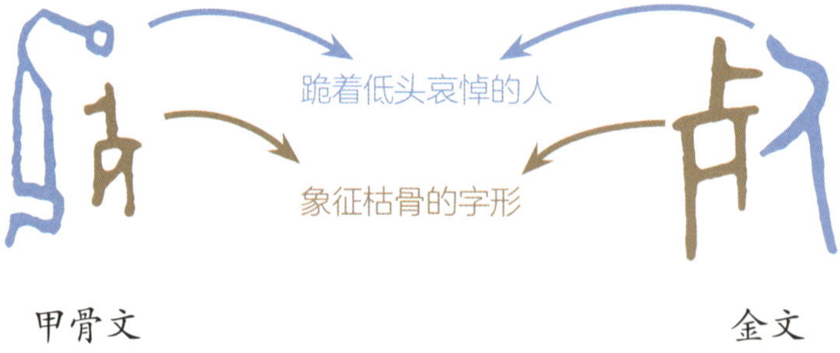

死

甲骨文中，有一个描摹把枯骨放在长方形墓圹（kuàng）中的字形，这大概就是最早的“葬”字，寓意将逝者的遗体掩埋在土坑中。这种习俗至少延续了几千年，造就了中国人入土为安的观念。

我们今天使用的“葬”字，上下为草，中间是“死”字，寓意把死者埋葬在草中，这更像是原始社会早期的葬俗。

甲骨文　　　　篆书

葬

在古老的葬礼中，为了逝者灵魂的安息，有各种祭祀的仪式，其中不可或缺的是一种舞蹈。

舞者头戴丑陋狰狞的面具起舞，这就是“鬼”字。这种面具来自一种丑陋的动物“禺”。古人也许是希望通过这种舞蹈，与天地甚至与死者所在的另一个世界沟通。

金文“禺”

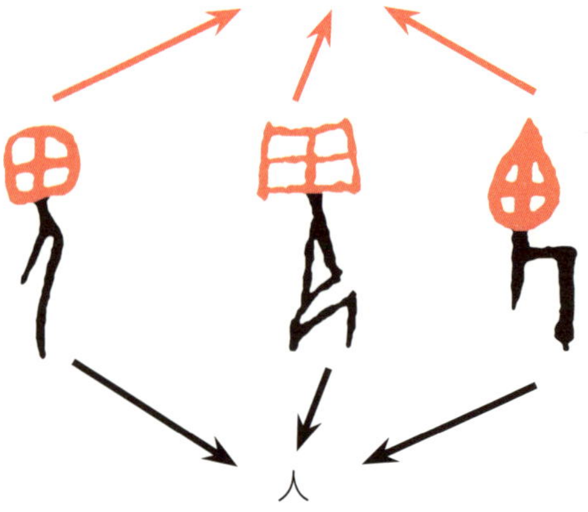

鬼

孔子说："生，事之以礼；死，葬之以礼，祭之以礼。"从汉字的造字可以看出，"孝"对应的是"事之以礼"，"死"与"葬"对应的是"葬之以礼"，"鬼"对应的则是"祭之以礼"。这些简单的汉字中，蕴含着中国人的家族认同与血缘归属观念。

从“身”到“鬼”，一连串汉字的登场，为我们演绎了人一生的悲喜剧。但是，**人不可能遗世独立，所以，古人同样十分关注人与人之间的关系。**

儒家推己及人的人文逻辑，或许多少也受到古人造字思维的启发，其中最典型的就是“仁”字，它的构形透露出了这种思维模式的端倪。

金文“仁”

“仁”的早期字形由“人”与“二”构成，也有人认为“人”旁边的两道短横不是“二”，而是一个重复符号。其实这种分歧无关紧要，“人”与“二”搭配是两个人，“人”的重复也是两个人，总之是两个人的事。

在生活当中，夫妻、亲子、兄弟、朋友……两个人是社会的起步人数，不管多少人在一起，都可以理解为两个人的叠加。

一个人是“人”，两个人是“仁”。

推己及人，扩展到的第一个人就是你身边的这个人。

一个人的世界，我们或许可以我行我素，可一旦我们的世界里出现了其他人，境况就会大大不同，我们必须顾及别人的感受，不能再一味地随心所欲。

就像一个人的演奏，我们可以任意发挥，但二重奏甚至交响乐，彼此的协作就很重要了。这是合奏的本质，也是社交的原则。

仁，因此成了人际法则的起点。

古人造“仁”字，就是期许人类在天地之间相亲相爱、相互礼敬，成就自己，也成就他人。

那么怎样做到“仁”呢？曾子用两个字予以概括，一个是“忠”，另一个是“恕”。

“忠”是“中”“心”，与人交往时，要做到发自内心、真诚无欺。“恕”是“如”“心”，不是你的心却如同你的心，要站在对方的立场与他人相处。

我们前面讲过的汉字中，有的就蕴含着两个人的故事。比如：从“身”到“毓”，弥漫着温暖的母爱；从“字”到“保”再到“孝”，诠释了亲子间的互动和天伦之乐。

有些汉字本身，就体现了两个人之间的相处状态。比如：两个人同时向左为“从”，同时向右为“比”，一个向左一个向右为“北”。

甲骨文

金文

从

先来看“从”字。

一个人前行，另一个人顺着同一方向跟从，这就是“从”。

合力完成远大目标，除了要求主导者引领正确方向外，也要求追随者从内心中认同，所谓“二人同心，其利断金”。毕竟，**不管是一个家庭，还是一个团队，只有具有相同的价值观、相同的前进方向，才能合力达成目标。**

而一个人除了跟从作为主导的人，还可以上升到更高的层面，比如顺从于“道”。老子说：“孔德之容，惟道是从。”一部《老子》，说的就是顺从之道。

人类社会的发展也一样，必须顺从大自然的规律。所有以破坏生态为代价的发展，最终都会遭到大自然的惩罚。

“比”字是两个人方向向右紧靠在一起，有紧靠、比较等义。

方向相同的紧密靠拢会产生温暖和能量。在这一含义上，“比”与“从”相近，但“从”侧重的是一个人跟随另一个人，而“比”中的两个人则可以是比肩而行、不分主次的。当然，两个人如果无原则地靠拢在一起，就会产生结党营私、狼狈为奸的负面效果，孔子就曾说：“君子周而不比，小人比而不周。”

“比”的比较含义，既可以是正面的，也可以是负面的。**与圣贤比较，能不断提升自己修行君子之道的境界；而在生活中与人攀比，则会带来无穷无尽的烦恼。一个“比”字，可以暴露一个人的格局，也足以影响一个人的人生走向。**

甲骨文

金文

比

甲骨文“并(竝)”

甲骨文

金文

北

与“从”和“比”相关的还有一个“并”字。

“并”字有两个会意原理相同的字源：

一个是两个正面站立的人并在一起，其实就是两个“立”字并排，可以写作“竝”，后来简化成“並”，如今又简化成“并”。

另一个是在两个侧面站立的人下方加一道或两道横杠，从早期字形来看，等于是将“从”或“比”的字形当中的两个人用横杠连起来。由此可见，“并”在合力的含义上是“从”和“比”的加强版。

从“从”到“比”，从“比”到“并”，其含义都是因为方向相同形成合力。但在生活当中，人与人之间，并不只有方向相同这一种关系。如果一个人向左一个人向右，那么这两个人的力量就形成了背离，表示这个意思的字就是“北”。

“北”字最初的含义就是两个人背靠背，面朝不同的方向，所以，这个字本义就是“背”：一是借指后背，一是指互相背离。

因为古人观察地形或天象时，习惯背朝北方、面朝南方，所以“北”字被借去表示南北方向的“北”，而在表示原来的含义时增加一个“月（肉）”，成了今天的“背”字。

表示两个人之间的关系，还有一个十分有趣的字：两个人形，一正一倒、一阴一阳，却又彼此契合、相融共生，宛如一幅太极图。这就是“化”字。

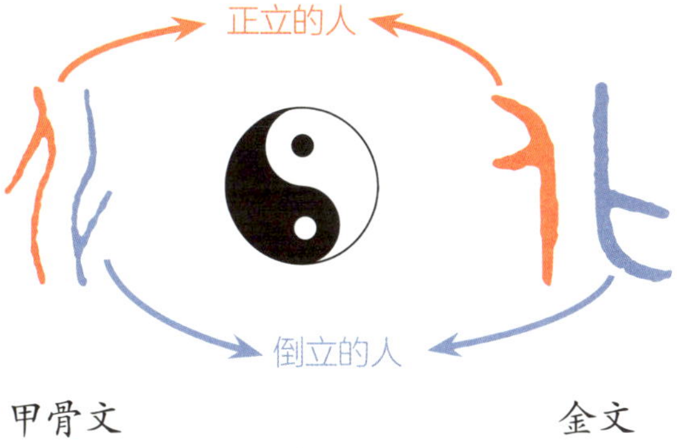

化

“化”表达的可以是两个人在同一时刻的不同姿态，也可以是一个人先后的不同姿态，总之是变化的姿态。这种变化可以是对他人的“春风化雨”，也可以是自身的“破茧成蝶”。它无声无息，却又力量巨大，悄然间，可使旧貌换新颜。

“化”作为中国古代一个重要的概念，还参与了“文化”“物化”等概念的建构，具有人道乃至天道层面的意义。

“文化”一词来源于《周易·彖(tuàn)传》：“观乎天文，以察时变；观乎人文，以化成天下。”

所谓“人文”，字面的含义是人的纹理，所要表达的是“人道”。而“文化”一词的含义，就是指通过对人道外化现象的观照，完成对天下风气的改变。因此，文化其实就是通过外在的呈现而实现内质改变的各种文明进程。它使人类世界的各种现象精彩纷呈并有根可寻，就像一条条来自历史太空的彩带，耀眼而有序。

“物化”一词来源于《庄子·齐物论》。在讲完庄子梦为蝴蝶、蝴蝶梦为庄子的故事之后，庄子总结说：“此之谓物化。”庄子与蝴蝶之间互为不同的呈现，这就是物化。庄子是“我”，蝴蝶代表万物，“我”与万物之间虽有不同的呈现，但这些呈现不过是物化而已，其实并无不同。

庄子这种超越式的思考，破解的是宇宙根本的密码。

从生命的萌动开始，人就不可能是真正意义上的独立个体，即使在独处时，我们也依然被包裹在人文环境之中，无法挣脱，也不必挣脱。**这是儒家“慎独”精神植根的土壤。**

当我们身边出现另一个生命，儒家的“仁”就会被人类自身的生命能量与道德修为瞬间激活，化为调控我们天性收放的无形手腕，指引我们绘就人类社会其乐融融的美好画卷。**这就是“仁”的精髓。**

的身体

保

父母保育婴儿

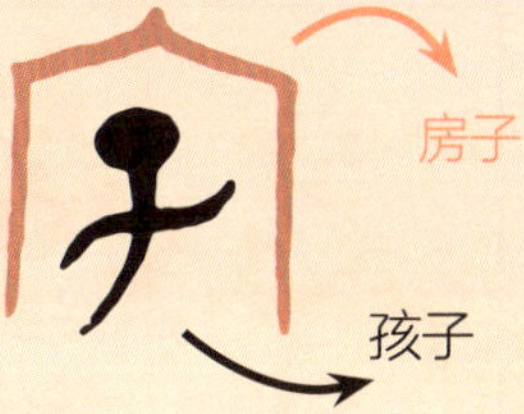

字

在房子里养育婴儿

面具

舞者

仁，是人与人之间和谐相处的基本法则和最佳状态：相互礼敬，成就自己，也成就他人。

儿（兒）

脑囟还没有闭合的幼儿

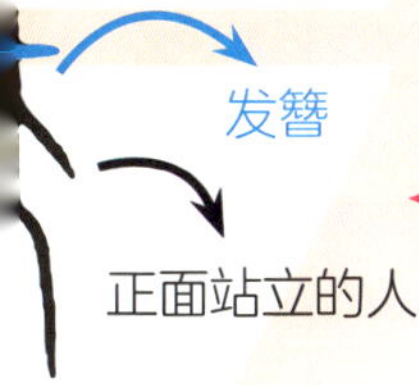

夫

的成年男子

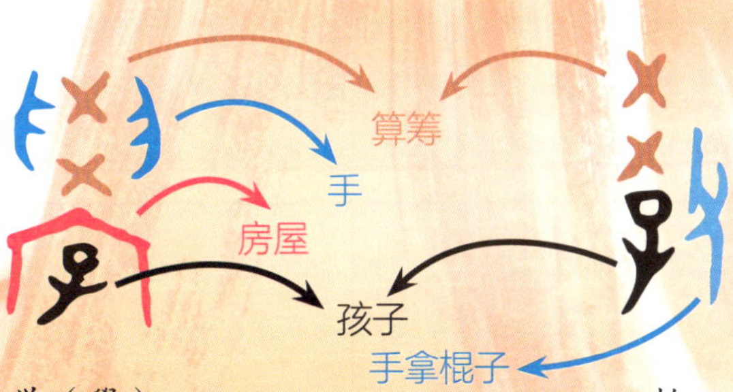

学（學）

偏于主动的“学”

教

有外力施加的“教”

身	甲骨文	金文	篆书	隶书	楷书
弃（棄）	甲骨文	金文	篆书	隶书	楷书
始	金文	篆书	隶书	楷书	
毓	甲骨文	金文	篆书	隶书	楷书
子	甲骨文	金文	篆书	隶书	楷书
保	甲骨文	金文	篆书	隶书	楷书
字	金文	篆书	隶书	楷书	
儿（兒）	甲骨文	金文	篆书	隶书	楷书
学（學）	甲骨文	金文	篆书	隶书	楷书
教	甲骨文	金文	篆书	隶书	楷书

习（習）	甲骨文	篆书	隶书	楷书	
夫	甲骨文	金文	篆书	隶书	楷书
冕（免）	甲骨文	金文	篆书	隶书	楷书
攸	甲骨文	金文	篆书	隶书	楷书
需	甲骨文	金文	篆书	隶书	楷书
文	甲骨文	金文	篆书	隶书	楷书
立	甲骨文	金文	篆书	隶书	楷书
长（長）	甲骨文	金文	篆书	隶书	楷书
老	甲骨文	金文	篆书	隶书	楷书
孝	金文	篆书	隶书	楷书	

死	甲骨文	金文	篆书	隶书	楷书
葬	甲骨文	篆书	隶书	楷书	
鬼	甲骨文	金文	篆书	隶书	楷书
仁	金文	篆书	隶书	楷书	
从	甲骨文	金文	篆书	隶书	楷书
比	甲骨文	金文	篆书	隶书	楷书
并（並）	甲骨文	金文	篆书	隶书	楷书
北	甲骨文	金文	篆书	隶书	楷书
化	甲骨文	金文	篆书	隶书	楷书

漢字入門

2

从头到脚

在这个世界上，我们一生都不可能见到的人是谁？

答案也许出乎你的意料，那就是我们自己。

因为，我们能见到的自己，只是镜子里或者照片上的影像，从来没有谁能用自己的眼睛直接看到自己的模样。

甚至，连自己的内心，我们也常常不能完全读懂。

那么，中国古人怎样来指称脑海中的自己呢？

造字，就是一个契机。

现在，让我们追随古人造字的思路，从头到脚地认识一下自己吧！

对于头，古人是用什么字形来表示的呢？

首先要关注的是头的位置。头在哪里？

因为人是直立行走的，所以头在我们身体的最上部。

画一个正面站立的人，这个字就是今天的“大”字，然后在上面画一个方框或者圆点，也可以简化为一道横线。

这是什么字？原来是“天”字。

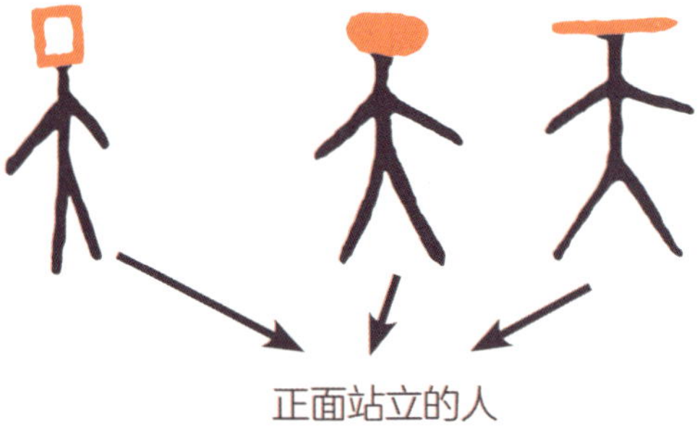

甲骨文　　金文

天

《山海经》中有一个人物，叫作刑天。刑，在这里是砍掉的意思；天，指的就是头。所以，刑天就是砍掉头颅。

刑天之所以被砍掉头颅，是因为他不自量力，与天帝争神。

但他并没有因为丧失头颅而屈服，他把双乳变成眼睛，把肚脐变成嘴，然后手舞长斧和盾牌，斗志不减。

因此，最初的“天”字表达的就是人的头。因为人的头顶指向的是苍天，所以后来“天”字专用于表示天空，不再有头的含义。

不过，中国人的“天”不仅指自然界中的天，还被赋予宇宙主宰的哲学含义，天道的概念于是产生了。

或许是因为刑天不肯敬畏“天”，与“天”争斗，所以他的“天”被“天”砍掉了。

“天”字来源于正面站立的人形，如果用侧身站立的人形，古人会造出什么字来表示头部呢？原来是“元”字。

“元”字下方是一个“人”字，上方是一道短横加一道长横。在甲骨文中，画一道长横，在上方画一道短横代表“上”，在下方画一道短横代表“下”。“元”字的意思是人的最上面，也就是头，而头是人体的起始部位，所以，“元”字也就有了起始的含义。

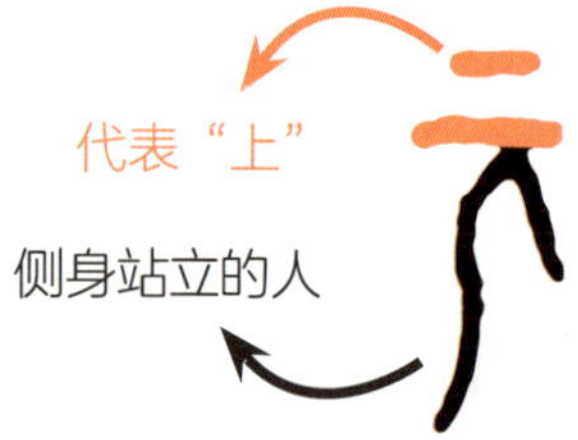

甲骨文“元”

甲骨文“上”

甲骨文“下”

“天”和“元”都代表了头这一部位，那么，头本身又是用什么字表示的呢？

在甲骨文当中，这个字就是“首”，字形是一幅头部的简笔画：有头发，有眼睛，有耳朵，有嘴巴。

金文做了进一步的简化，只强调头发与眼睛。

甲骨文

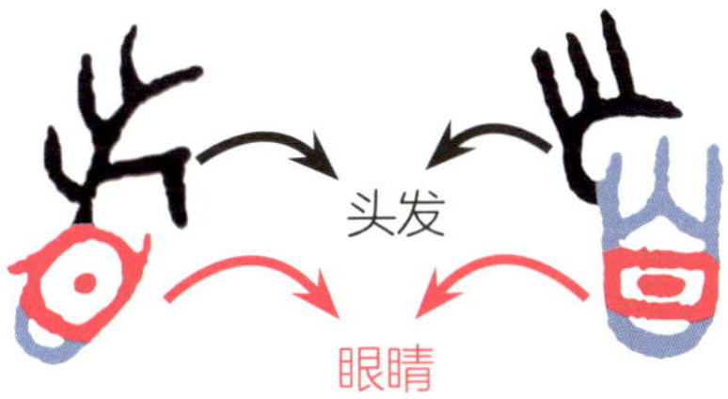

金文

首

“首”也是头脑的象征，没有头脑，也就没有人与动物的分野；没有头脑，也就不会出现文字；没有头脑，也就没有文明的产生……因此，“首”被赋予不同寻常的含义，比如“道”的造字，就把“首”作为核心，然后配一只脚，并把“行”字拆开，放在“首”的两边，会意头脑在路上行走。

在中国古代，“道”被认为是一种不受外力干扰的不可改变的存在，但具有强烈的意志性。主宰万物的“天道”，其实也是我们人类头脑中的“天道”。

金文“道”

甲骨文“目”

目

直

悳

德

“道”字的核心是“首”，“德”字的核心则是“目”。

在甲骨文和金文当中，“目”的字形就是画了人的一只眼睛。后来把这只眼睛竖起来，变成了我们今天看到的字形。

如果在眼睛上方画一条竖直的线，或者在直线上再画一个点，代表眼睛看出去，两点之间取一条直线，这就是“直”字。

如果在“直”的下面加一个“心”，这个字就是“悳”（dé）。

“悳”是“德”字的原生形态之一。以此字形为基础，把“行”字拆开放在两边，或者省略一下，只取“行”字的左半边，就造出了完整的“德”字。

这个字的会意也一目了然：**如果心没有被世俗扭曲，那么我们就可以毫不费力地顺应天道而行，这就是中国古代儒释道共尊的修行之路。**

如果一个人正走在这条道路之上，那么，他就是有“德”之人。

中国古代有一部影响世界的名著《老子》，又叫《道德经》。《道德经》告诉我们：“道”是隐性的，它的第一层外化呈现就是“德”。

从上文“直”和“德”的造字中，我们可以看出，直还是不直以及是否能直心而行，与我们的眼睛密切相关。

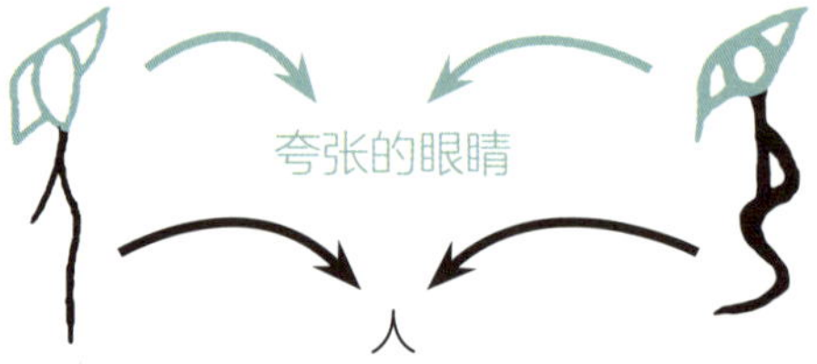

甲骨文　　　　金文

见（見）

眼睛是我们观察这个世界的工具，如果没有眼睛，这个世界就会失去色彩，也就无所谓黑暗与光明。

如何来表达对世界的观察呢？古人将一个人和一只大大的眼睛组合起来，造了“见（見）”字。

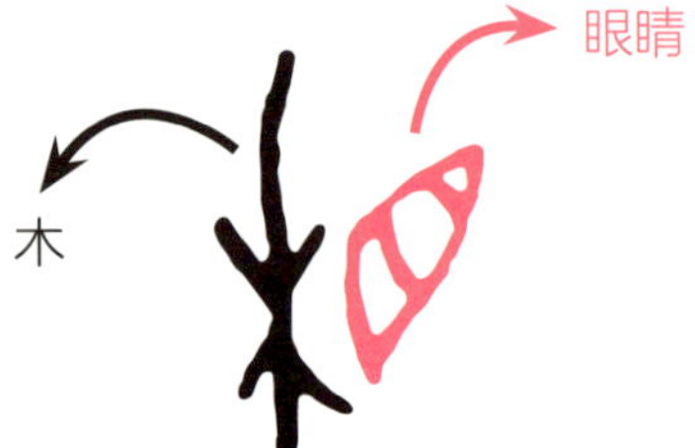

甲骨文“相”

人用眼睛见到的是什么？是世间万象。那么，世间万象又用什么字来表示？

或许古人走出户门之时，第一眼看到的是一棵树，于是就用一只眼睛和一棵树组成了“相”字。“相”代表了人眼所能见到的一切。

“横看成岭侧成峰”，“相”是人眼所见的，它如何呈现，还取决于观察者的心。

如果眼前的事陷入困局，换一个角度看或许就能发现解决问题的契机。如果眼前的事是一件烦心事，换一个角度看或许就变成了一件幸事。这是中国人的古老智慧。

人可以用眼睛看到世间万象。那么，如何才能看到自己呢？在铜镜发明之前，古人在一个容器里装满水，俯身照见自己的影像，这就是“监（監）”字，它是“鉴（鑒）”的本字。

这两个字里也有一个人和一只大大的眼睛，但这个人是在俯身审视自己：脸上是否有灰尘，衣冠是否整齐。这是中国古人自我观照的起点，也是修行的第一步。

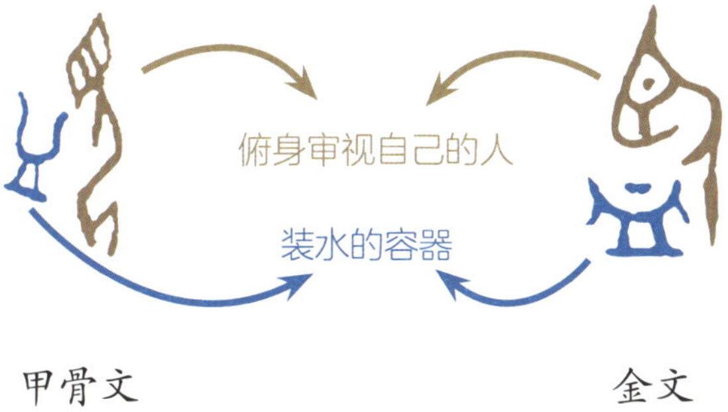

监（監）

一只夸张的大眼睛与一个人的组合是“见”字，按照同样的思路，一只夸张的大耳朵与一个人会组合成什么字呢？是“闻（聞）”字。

这是人感知外部世界又一个不可或缺的途径。

甲骨文“耳”

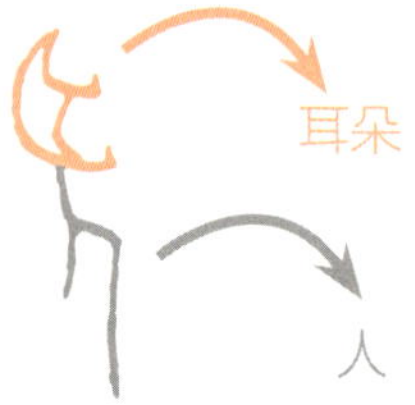

甲骨文“闻（聞）”

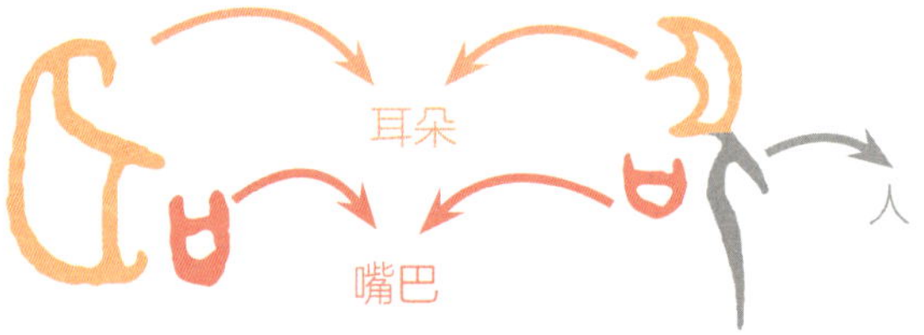

甲骨文“听（聽）”　甲骨文“圣（聖）”

金文“圣（聖）”

与“闻”字义相近的还有一个“听（聽）”字，它是由“口”和“耳”组成的。也许，“闻”可以指听一切声音，而“听”侧重指倾听别人说话，因此，“听”还衍生出听从的含义。

“圣（聖）”字差不多是“闻”和“听”的合体，它的甲骨文字形有人有口还有耳。这个古老的字形告诉我们：**倾听是一种美德，善于倾听的人就称得上是圣人。**

甲骨文　金文　甲骨文　篆书

自　**鼻**

除了眼睛和耳朵，在我们面部正中，还有一个重要的感知器官，这就是鼻子。

在表示鼻子时，古人也是画了一幅简笔画：有鼻梁，有鼻翼，还有鼻孔。

可是，这么像鼻子的一个字，古人却把它借去当作自我的“自”了。这是为什么呢？

我们可以想象这么一个场景：远远听到有人在叫你，但你又不是很确定，你是否会指着自己的鼻子问：“是叫我吗？”这么一想，形似鼻子的字形衍生出自我的“自”的含义，是不是就在情理之中了？

“自”字被借走之后，为了表示鼻子的含义，人们就在“自”下面加了一个表示读音的“畀”（bì），造出了“鼻”字。

不过,在其他与鼻子相关的字形中,“自”字仍然承担着鼻子的含义,比如“息”“臭”。

“息”最初的字形与“心”无关,而是鼻子发出气息的象形。鼻子有气息发出,证明生命还在延续,所以,“息”最初的含义就是活着或者生长。

令人惊奇的是,“息”字后来又衍生出与本义完全相反的“停止”“休息”的含义,比如我们熟悉的“天行健,君子以自强不息”,这里的“息”就表示停息的意思。

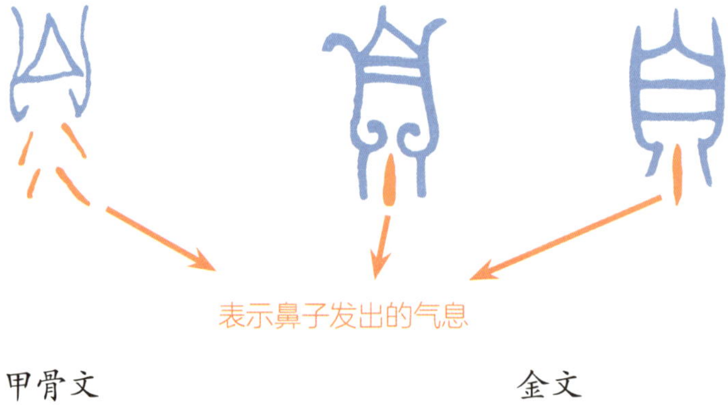

息

“臭”的造字，是借助狗的特点来表现鼻子这一器官的感知过程。古人发现狗的特点是好嗅，所以画了一条狗的简笔画，并特别突出它的鼻子，用这个字形来表示“嗅”的意思，并进一步引申出气味的含义，比如“同心之言，其臭如兰”。

“臭”字后来常常被用在不好的气味上，于是古人在其基础上加了一个“口”，变成了我们今天常用的表示嗅觉的“嗅”字。

甲骨文

金文

臭

鼻子下面是口。

在甲骨文和金文当中，“口”字就像张开的嘴。

口有两大功能：一是进食，二是说话。

在“口”上加一短横，表示说话，这个字是古文献中常见的“曰”。

如果把短横挪到“口”中，则代表口中含物，表达的是口中食物味道甘美，这个字就是“甘”。

金文“口”

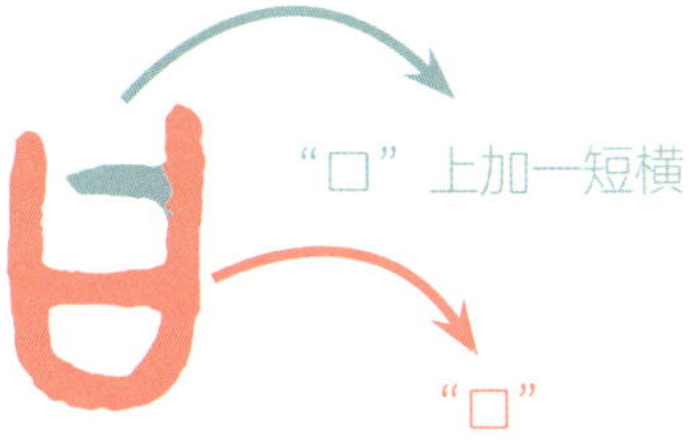

金文“曰”

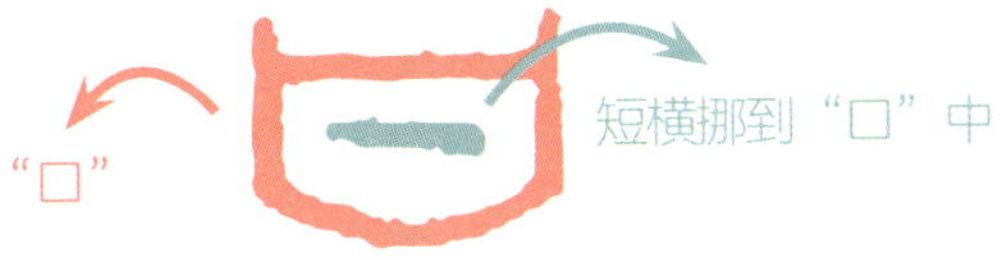

甲骨文“甘”

那么，什么食物可以被视作美味呢？孔子曾夸赞弟子颜回说：“一箪食，一瓢饮，在陋巷，人不堪其忧，回也不改其乐。”原来，在知足常乐的颜回眼中，只要口中有物可食，都可以甘之如饴。可见，**美味不完全在于食物本身，更在于品味食物的心情。**

我们前面讲过了由一只眼睛与一个人组成的“见”、由一只耳朵与一个人组成的“闻”，那么是否有一个字，是由一个“口”与一个人组成的呢?

有的，这个字就是“兄”。“兄”最初有两个含义：一是兄弟的“兄”，口在上面，表示的是兄长教导弟弟；二是人对天说话。在第二个含义上，“兄”是“祝”的本字。

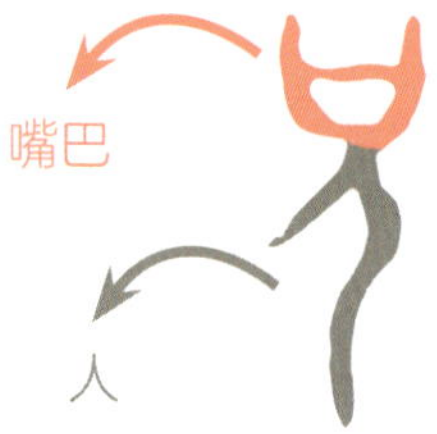

金文“兄”

“兑”（duì）是在“兄”字的上方加了一个“八”，象征着人在说话或笑的时候张开嘴的状态。所以，“兑”是“说”与“悦”的本字。其实，“悦”字在比较古老的文献当中也写作“说”，比如我们熟悉的《论语》开篇所说的“学而时习之，不亦说乎”，用的就是“说”字。

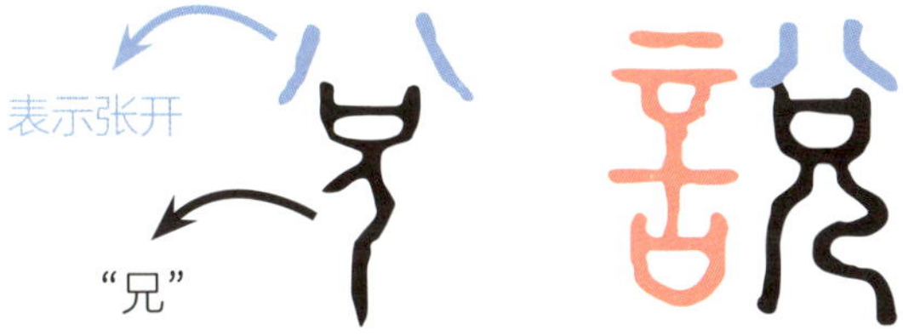

甲骨文“兑”　　　篆书“说”

口与舌密切相关。舌可以协助牙齿的咀嚼，而且它是一个味觉器官，没有它的参与，食物之美味则无从感受。

“舌”的甲骨文和金文字形描摹的是舌头伸出口外的状态，而且舌头上面还有分叉。这或许是古人对蛇、蜥蜴、青蛙等动物歧舌的刻画，又或是对人咀嚼或说话时的舌的动态呈现。

在“舌”字上加表示“上”的一道长横和一道短横，就变成了“言”字。

“言”是由声音表现出来的，正是由于这一缘故，“音”字与“言”字同源。区别在于，“口”中有一横的是“音”，“口”中没有一横的是“言”。

甲骨文“舌”　　甲骨文“言”　　金文“音”

除了头部的器官和面部的表情，以手和脚为主体的肢体语言也是人与人之间沟通的重要媒介。

我们先来说说手中乾坤。

“手”字有具象写实和抽象简化两种形态。写实的“手”可以看出五指，简化后则成了三指的“又”，“又”在造字中常常代表“手”。

“又”的朝向起初不是很固定，而以右手的形态为主，但在表示左和右的义项时，则固定为左手和右手的形态。

金文“手”

金文“又”

甲骨文“左”

甲骨文“右”

金文“左”

金文“右”

为了明确含义，后来古人通常在表示右时，在“又”字下面加一个“口”；在表示左时，则在“又”字下面加一个“工”。

与手相关的字有一大类是以手持物的形态。

“父”在甲骨文中是手持短斧的字形，“父”是“斧”的本字，而持斧劳作是男性的专长，所以“父”又引申出男性的含义，进一步引申出父亲的含义。

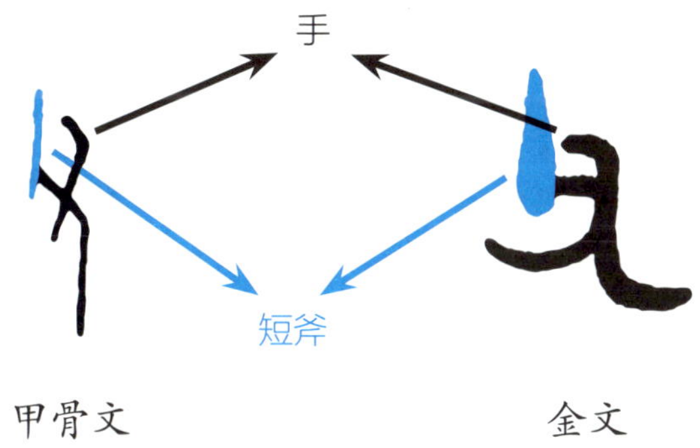

父

“父”字被借去表示父亲的含义后，古人在“父”的基础上加了一个“斤”，造出“斧”字，用来表示斧头这种劳动工具。和“父”所表示的无柄手持斧不同，“斤”是一种有柄斧。

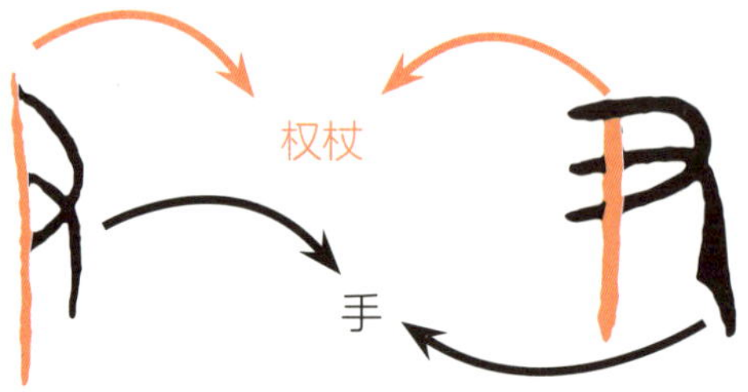

甲骨文“尹”　　　　金文“尹”

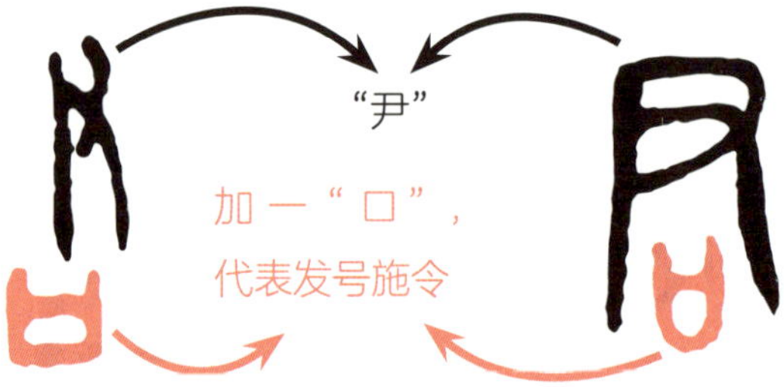

甲骨文“君”　　　　金文“君”

“尹”字和“父”字非常相像，“尹”是手持棍状物，而且所持棍状物比较长，并向下贯通。

那么这个棍状物表示的是什么呢？原来是代表权力的权杖。因此，“尹”的本义是握有权力的人，引申指治理。

如果在“尹”字下方加一个“口”，就表示握有权力、可以发号施令的人。这就是“君主”的“君”。

在上古时期，“君”可以是族群领袖，可以是部族联盟领袖，甚至可以是中国古代先贤口中的天下共主，比如黄帝、尧、舜、禹。

我们说，儒家“仁”的思想是从两个人的关系开始推己及人，如果一个人站在权力的巅峰，他就要最大限度地放下自我，关注天下苍生，做到修身齐家治国平天下，这个人就是“君”。

社会是一个庞大复杂的群体关系，需要建立一个合理的社会结构。这个结构的每个层级都需要能够放下自我、成就群体利益的管理者。由此，“君”生发出了“君子”的概念。

从字面上理解，“君子”为“君”的子弟，所以“君子”最初代表的就是各个层级掌握权力、统筹治理的人。

不过随着历史的发展，到了孔子所生活的春秋时代，“君子”的概念发生了转移，其中社会地位的蕴意逐渐淡化，个人修养的蕴意成为最重要的内涵。比如儒者可以分为“君子儒”和“小人儒”，而这里的“君子”和“小人”，显然已经超越了社会地位，鲜明地指向了个人品行。

每个人都可以修君子之道。他可以通过经营周围人群的幸福，实现自我的幸福，而这种幸福才是终极的幸福。

与手有关的字还有一部分是手与人的组合，比如“及”“印”等。

“及”字表达的是两个人之间的动态关系：一个人在前面走，一个人在后面追，当赶上前面那个人时，后面的人伸出一只手，触碰到前面那个人的身体。这一瞬间就被定格为“及”。

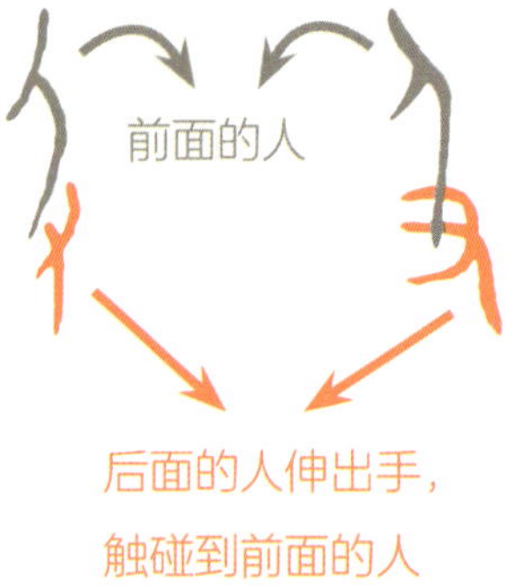

甲骨文　　金文

及

孔子说：“见善如不及，见不善如探汤。”意思是说，见到善人善行，生怕追不上；见到恶人恶行，那种感觉就像把手伸到沸水之中，当然会本能地快速撤回。

因此，**我们需要不停追赶的，是那些品行高尚的人。**

有个字形所表达的两个人的关系就不那么美好了：一个人跪在那里，另一个人从上面伸出一只手把他死死摁住。

这个字形可以写成现在的“印”字或者“卬”（áng）字，“印”是“抑”“仰”等的本字。

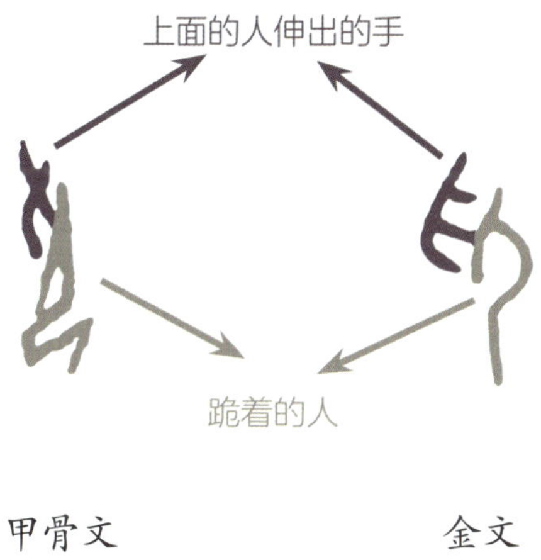

印

“印”的含义来自下压的动作。自古至今，盖印都是把刻字的一面朝下，用力下压。盖完之后，封泥或纸张上会留下与印文反向的文字，而且不论盖多少，印文都是相同的。所以，“印”还被借用为表示不同人心念当中相同图景的重现，比如“心心相印”。

从“印”字生发出来的“抑”字，表达的是一个人对另一个人的施压。被压抑是一种不好的体验；给别人施压需要一直用力，也未必是一种美好的体验。所以，**人与人相处的时候，彼此放开手，保持一种轻松、宽容的心态才是最好的选择。**

还有一种压抑是源于自我的压力，也就是说，那只令自己不悦的手其实是自己的手。

想想看，若是因为自己没有放开手而让自己备受折磨，是多么不明智。

把这个道理悟透，无论之前心头有多重的石头，我们也都能释然了。

“仰”的含义原本来自被手压在下方的人，但如果这种下压的力量是自发的，这种自我下压反而会变成一种做人的智慧：**能够谦卑地看待别人的伟大，就是给了自己更明确的目标和更广阔的成长空间。**

比如子贡评价孔子说：“仲尼，日月也，无得而逾焉。”意思是，孔夫子的高度犹如日月，永远没有人可以超越。虽说不可超越，但子贡仍然一生追随孔子，力求做一个像孔子一样的人。

这，就是仰望的力量。

还有一些字中有两只手，比如友、爰（yuán）、争（爭），等等。字形中一些细微的变化，让这些字分别具有不同的含义。

“友”由两只方向相同的手构成，表示志向相同的两个人会同心协力，即古人所说的“同志为友”。

古人也会把“友”字用在兄弟情义上，比如“兄友弟恭”。

甲骨文　　金文

友

“爰”的甲骨文字形也有两只手，但这两只手由一道代表绳索或木棍的线条连接。

这个字大概源于生活中的场景，比如发现一个人不慎落入井中，于是给他递去一条绳索或者一根木棍，把他从井里救出来。

所以，“爰”是“援”的本字，表示支援或帮助别人脱离危险。

甲骨文“爰”

同样有两只手，但与“友”“爱”不同的是，“争（爭）”表现为两只手在互相争夺。

“争（爭）”字在金文中没有独立的字形，我们可以从“静（靜）”字当中将其分离出来。上面一只手，下面一只手，中间是被争夺的耕田的工具——耒（lěi）。

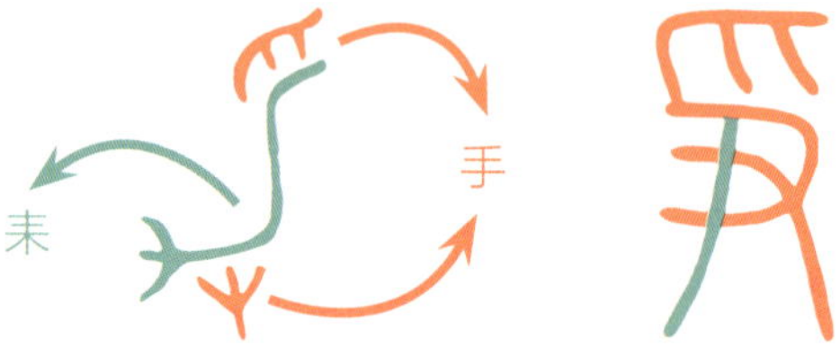

金文　　篆书

争（爭）

为什么争夺？因为这种工具可以带来利益。不过，如果利益是通过争夺的途径获得的，那么结果往往会有悖于初衷。因此，不论是道家还是儒家，都反对争利。

《孟子》一开篇，就对梁惠王开口谈利做了毫不客气的批评。孟子认为，上下都在争利，最终社会秩序会在各个层级崩塌，这是每个向往幸福生活的人所不愿看到的。

幸福不是争来的，而是向他人施以援手、施以友爱之手的自然回馈，这是古人用两只手造出的不同汉字给予我们的启迪。

手与手的组合，还有包含四只手的字形，比如“兴（興）”字。

“兴（興）”字表示的是四只手，也就是两个人把模具抬起，留下成型的产品。

从早期字形看，四只手中间这个部分有的是“凡”，有的是“同”。“凡”就是“范”，也就是制造铜器的模具。“同”代表用同一个“范”制作出许多相同的产品来。

能不能制作出一个没有瑕疵的产品，取决于参与的人是否彼此配合，因此，“兴”一定需要众人的同心协力。

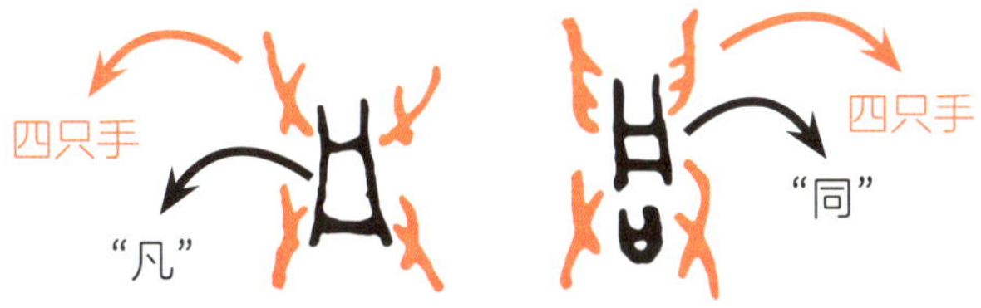

甲骨文

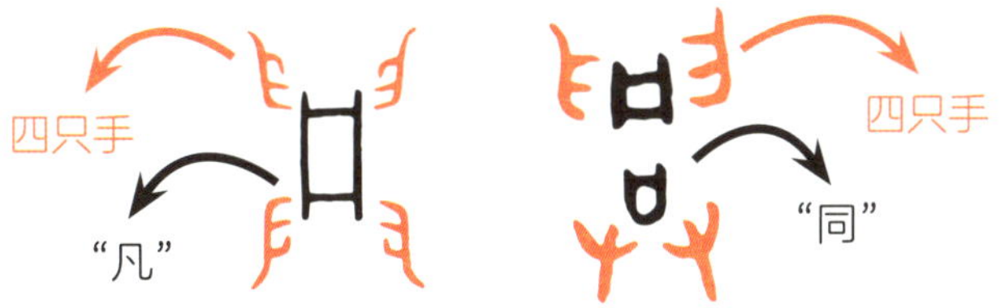

金文

兴（興）

你知道吗，一个古汉字中有四只手还不算多，“举（擧）”的古字形中居然有七只手！

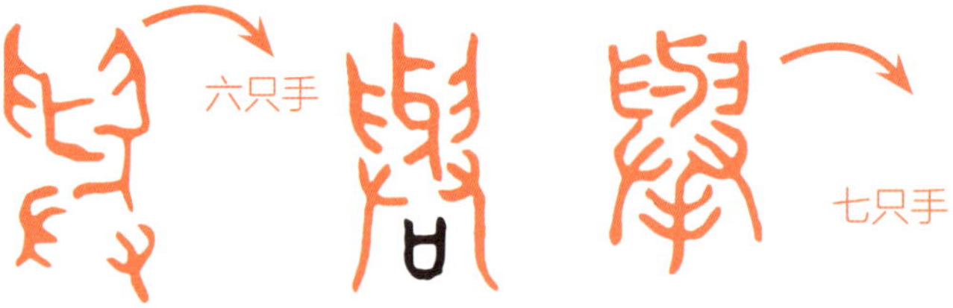

金文“与（與）”　　篆书“举（擧）”

“举（擧）”的本字是“与（與）”。金文的“与（與）”字原本是由六只手构成：上面两只手，下面两只手，中间是两只互相勾连的手。两只互相勾连的手表示手递手，赋予这个字“给与”的含义；周围四只手的含义和“兴”相似，表示合力上举。

后来，在表示“给与”的含义时，多用“与（與）”，而在表示举起的含义时，则在原来六只手的基础上又增加一只手，变成了七只手的奇妙组合。

这大概是想告诉人们，托举起一件重物，需要众人合力完成，同样，**一项艰巨任务的完成、一个远大目标的实现，也需要所有人齐心勠（lù）力。**

说完手，让我们把视线下移到脚。

你知道吗，下面这组看起来毫不相干的字：之、先、前、后、步、走，它们的造字源头都指向了同一个字——“止”。

最初的“止”字，就是一只脚的简笔画，它的字形也有一个从五趾到三趾的简化过程。

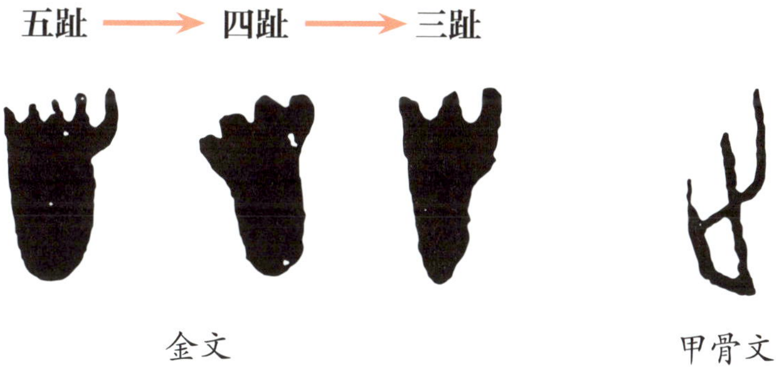

止

“止”的本义是脚，由此引申出站立、行走的含义。这一含义，在人类进化史上至关重要，可以说是人类由猿到人的第一步。人类只有直立行走以后，才能抬高视野，解放前肢成为手，使制造工具成为可能。

以“止”为构成要素造出的字，多与行走有关，而由“止”分化出来的“之”，除了表示行走之外，还可作为代词使用。

在早期文献中，“止”和“之”经常混用，比如《诗经》中的“高山仰止，景行（háng）行（xíng）止”，其中的“止”其实就是代词“之”。

而在表示脚的含义上，“止”字最终被“足”字替代。“足”的甲骨文字形是，指人膝盖以下到脚这一部分。后来，人们在“止”字旁边再加个“足”，造出“趾”字，用来专指脚趾。

和“止”字相关的还有表示方位和时间的“先”“前”“后（後）”等字。

“先”字的早期字形，上面是一个“止”，下面是一个“人”，意思是走在别人的前面。这个前面，可以是空间概念，也可以是时间概念。

甲骨文　　金文

先

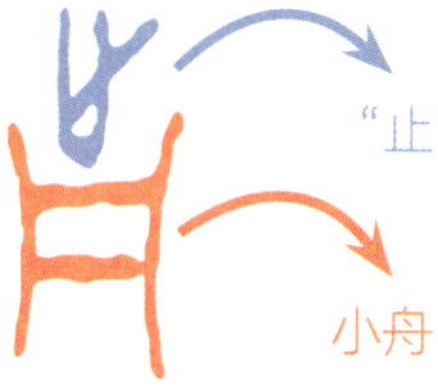

甲骨文“前”

“前”的甲骨文字形，上面是代表一只脚的“止”，下面是一只小舟的简笔画，所以，“前”的本义是站在船头。

与“先”“前”相对的是“后（後）”字。

“后”和“後”原本是两个不同的字。“后”本指君主，后来也指君主的配偶，而“後”表示方位。

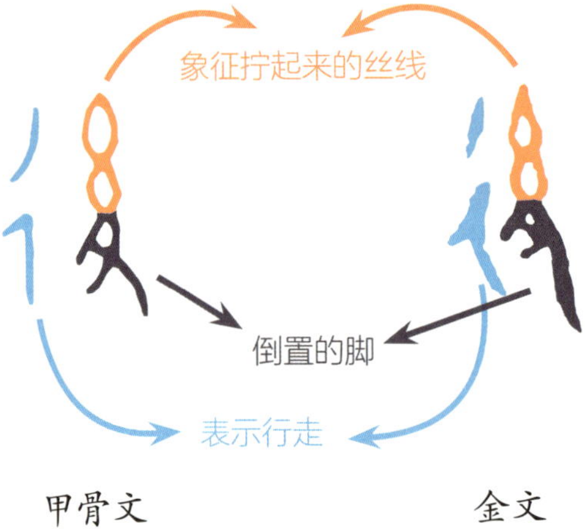

后（後）

“後”字从甲骨文到今字变化不大，都是由“彳”（chì）、“幺”（yāo）、“夊”（suī）三个要素组成。“彳”表示行走，“夊”是倒置的脚，那么“幺”表示什么呢？“幺”的甲骨文和金文字形都写作8，象征拧起来的丝线，在造字时常常被用来表示用绳索缠缚。所以，“後”是指因为被缠缚而行动迟缓，以致落后。

不论是“止”还是“夂”，都是一只脚，那么，有两只脚的字都有哪些呢？最典型的就是“步”字。此外，还有与“步”相关的“陟”（zhì）、“降”等字。

“步”的字形从甲骨文起，就是两只正向交替的脚，表示往前走。

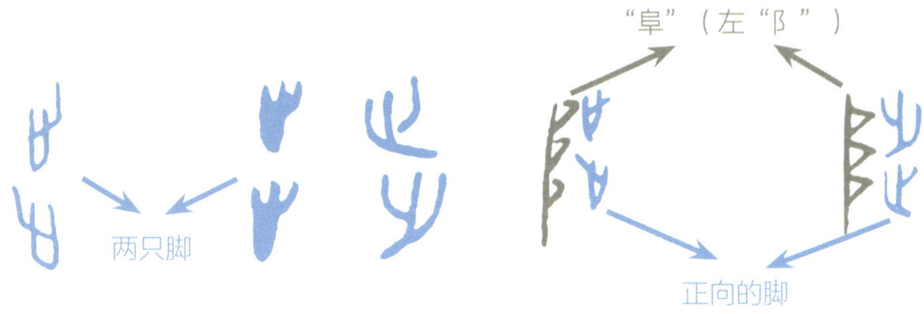

甲骨文　金文　甲骨文　金文

步　**陟**

如果在“步”的旁边加一个表示高低落差的“阜”（左“阝”），就成了“陟”字，表示向上攀登。

甲骨文“阜”

“阜”是竖过来的（山）的变体，表示地势有高低的变化。

“降”字来源于“夅”（jiàng）。“夅”形似两只倒置的脚，表示与“步”相反的移动方向，加上“阜”（左“阝”），明确了“降”字“下降”的含义。

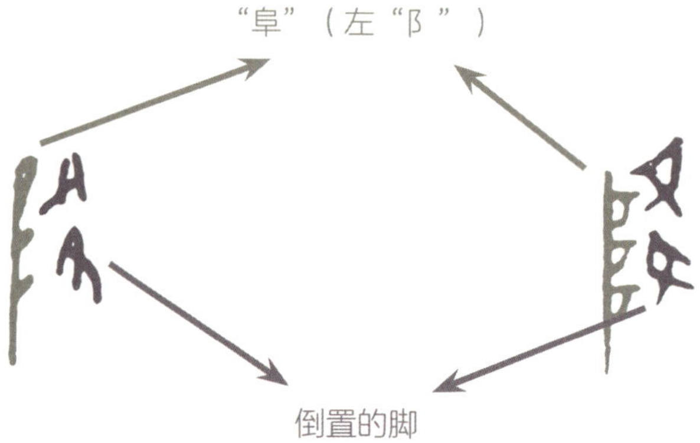

甲骨文　　金文

降

“陟”中的两只脚正向朝上，表示方向向上，而“降”中的两只脚朝下，表示方向向下。

所以，一个人是向上走还是往下走，完全取决于他自己的方向选择。

和“步”字相关、表示前行之义的还有“走”字。金文的“走”字，上面是一个呈奔跑姿态的人，下面只有一只脚，表示人在奔跑的时候两只脚不会同时落地。

根据速度的快慢，古人用三个字代表前行的三种状态，分别是步、趋、走，速度一个比一个快。

“步”对应的是现在的“走”，“走”对应的是现在的“跑”，而“步”和“走”之间的“趋”，则是小步快走。

按照古时候的规矩，“趋”是一种表示礼貌的步伐。比如《论语》中说：“（孔子）尝独立，鲤趋而过庭。”因为父亲站在院子里，所以孔鲤只能“趋而过”。

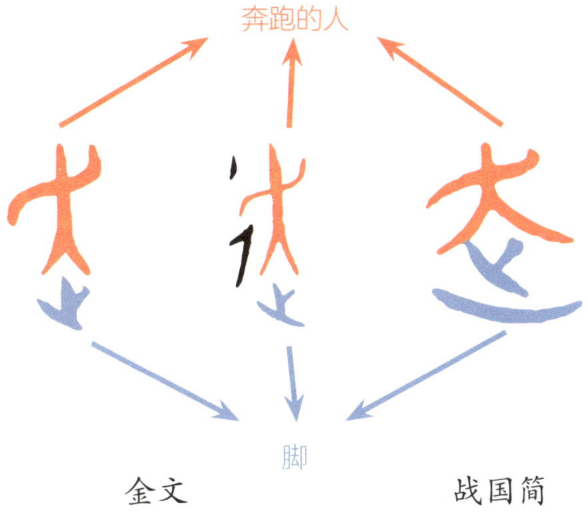

走

从头到脚，我们审视了一遍自己，那是不是说，我们由此就能读懂自己了呢？

仍然不能。**要想真正地认识自我，必须回到自己的内心。**

甲骨文

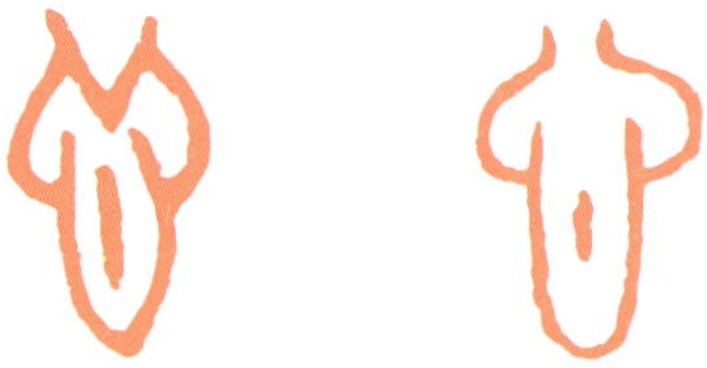

金文

心

心，可以是解剖学意义上的心脏，也可以是无形的内心。那么，古人造“心”字是怎样的思路呢？最简单的办法当然还是从有形之物入手。因此，最初的“心”字，来自对心脏形状的描摹。

以“心”为构字要素的字族非常丰富，如忠恕、思想、意念等。

忠恕，最初来自孔子弟子曾子对孔子“一以贯之”的仁道的解读。

曾子说：“夫子之道，忠恕而已矣。”意思是说，老师所说的道，“忠恕”两个字就可以概括了。

“忠”字上面一个“中”，下面一个“心”，表达的是发自内心，即为他人做事，须发自内心。

最初，“忠”的对象并没有地位上的差别，“忠”适用于身边的每一个人。所以，曾子在三省其身时，首先反省的是：“为人谋而不忠乎？”意思就是，为他人做事，有没有发自内心？

“恕”字上面一个“如”，下面一个“心”，意思是，不是你的心却如同你的心，也就是站在对方的立场看待问题。

这种换位思考，是中国古代的顶级智慧之一。

如果个人之间、团队之间、民族之间、国家之间，甚或全人类在发生利益冲突的时候，彼此都能站在对方的立场考量，站在其他生命的立场启动“共情”，“恕”的强大力量也许就可以把仇恨化成温暖的拥抱，从而使地球的生命世界变得更加美好。

思想，按照现代含义，是两个意义相近的字组成的词语，但从古人的造字思路来看，这两个字则有不同的思维来源。

“思”字未见甲骨文、金文等早期字形，但至晚到战国时期就已出现。在篆书以前，“思”都是“囟”“心”的组合，后来才简化为“田”“心”的组合。从代表脑囟的“囟”与“心”这两个构字要素中，我们可以看出，中国古人早就知道，人的思维不仅与大脑有关，而且与心智相连。

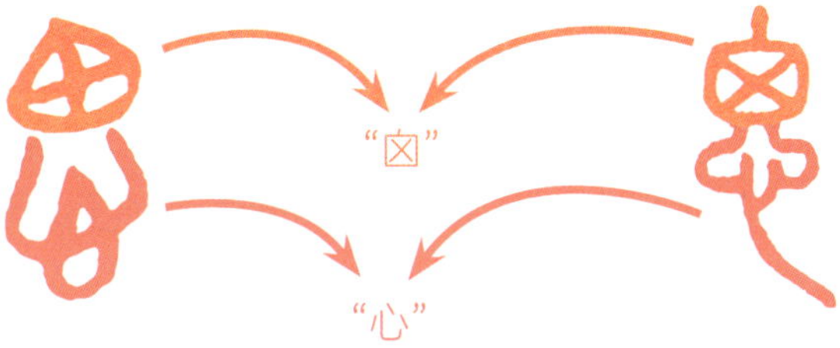

战国简　　篆书

思

篆书“想”

“想”由“相”与“心”构成，我们可以把它理解为“相”落于“心”的结果，也就是外在世界通过感官到达大脑后形成的信息，以及大脑处理这些信息后的思维回应。按照这个造字逻辑，应是首先有“想”，然后才有“思”。“想”偏重于对“相”的采集，而“思”则是对采集所得的加工。

思想，如今已经成为一个具有特定含义的词语，被当代人广泛使用。

每个民族都在漫长的历史长河中形成了具有鲜明特色的文化思想，中国传统的文化思想也有其独特之处。这种独特的思想源于人与自然相处的情感积淀，以及绵延几千年从未中断的文化传承，而汉字也成为其重要的加持。

例如，我们从“人”字、“孝”字当中体味到敬畏与感恩，从“仁”字、“恕”字当中体味到包容与换位思考，从“和（龢）”字当中体味到天人合一的整体思维，从“思”字、“想”字当中体味到反观内求的修行观……

中庸、无为、放下，各具特色的儒道释思想，成为中国人智慧的源泉，并为丰富人类文化思想做出了不可或缺的贡献。

“相”落于“心”是“想”，那么“音”落于“心”是什么字？

没错，就是“意念”的“意”字。从造字角度来说，“想”偏重于视觉信息的来源，“意”偏重于听觉信息的来源。而在成字之后，两个字就没有多少差别了，都表示收集外在信息后，大脑以及心智的反应。

“意念”的“念”字上“今”下“心”。“今”的字形是张开的嘴和正在动的舌，这是“吟”的本字。“今”和“心”组合起来，表示说出心中的话，所以“念念叨叨”中的“念”是“念”字的本义，而今天的“念”字多用于念头之义，更倾向于表示心理活动。

“念”字上“今”下“心”，还可以有一种文化解读，也就是“今心”。“今心”是什么心？是当下之心。

佛陀说：“过去心不可得，现在心不可得，未来心不可得。”一切纠结都没有真实依托，所以活在当下才是人生真谛。

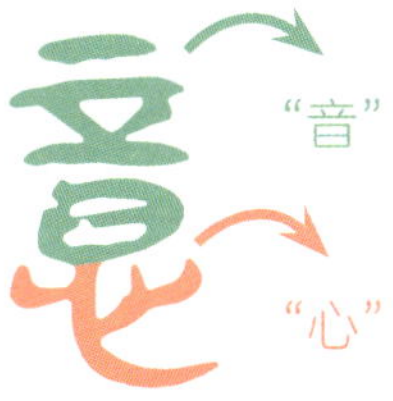

秦简“意”

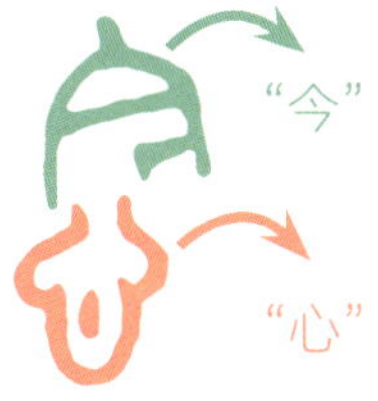

金文“念”

结束了从头到脚的旅程，回归我们的内心，这才是人生真正的落脚点。

那么，我们可以借助内心来找到自我吗？答案是肯定的。只可惜，因为被那么多无谓的欲望遮蔽，我们常常把自己的心弄丢了。

孟子说：“学问之道无他，求其放心而已矣。”“放心”就是丢失的心、在外流浪的心。

由此可知，我们的一切学问，都是旨在找回我们那颗丢失的心。

读到这里，我们可以问一下自己：我的心找回来了吗？

《从头到脚》思维导图

“天”和“元”最初都代表头的部位，后来“天”不仅指天空，被赋予宇宙主宰的哲学含义，“元”则有起始的含义

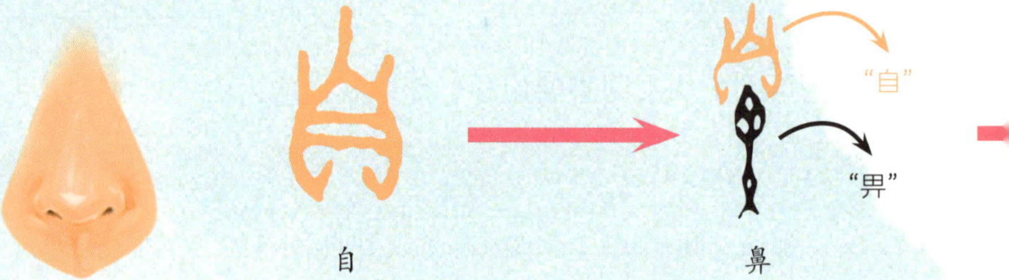

甲骨文中表示鼻子的字，就是画了一个鼻子的形状，后被借走用作自我的含义

在“自”下面加上表读音的“畀”，成为现在的“鼻”字

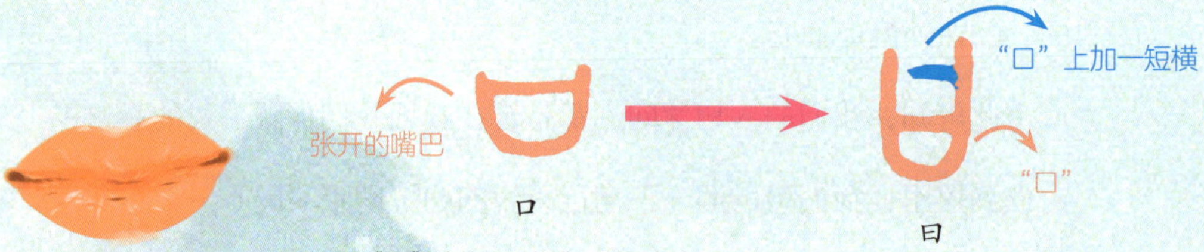

“口”就像张开的嘴，有两大功能：一是进食，二是说话

“口”上加一短横，代表说话

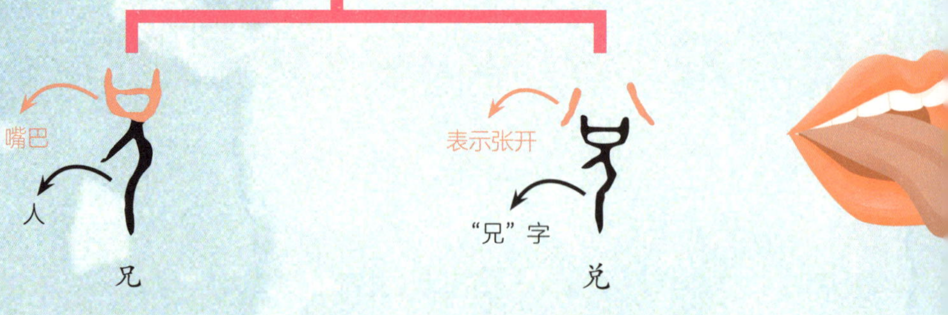

“兄”最初有两个含义：一是兄弟的“兄”，二是人对天说话。在第二个含义上，“兄”是“祝”的本字

“兑”是“说”和“悦”的本字

漢字入門

3

一天
——太阳的脚步

古人是从哪里发现时间的？

原来是从太阳的脚步中。

一只脚加一个“日”字，这就是“旹”（shí）字的由来。后来又加上一只手，变成了我们熟悉的“時”字，如今简化为“时”。可惜的是那只脚丢失了。

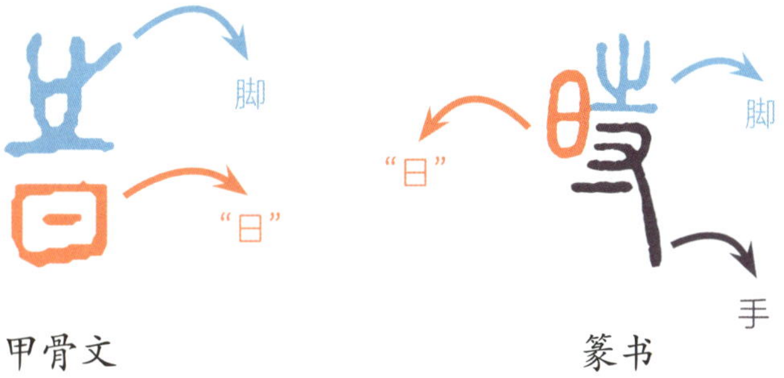

时（時）

太阳从初升于东方，便开始了一天规则的运行，正午走到顶点，随后慢慢西斜，直至落入西山。

太阳运动的脚步显现出极强的规律性，人们据此划分出不同的时间段，进而发现了神奇的时间。

有了时间，就有了万物的变化——树的影子由长变短，又由短变长；刚才还艳阳高照，忽然间乌云翻滚，电闪雷鸣；种子从地里萌发，进而发芽长高，抽穗结荚，变成可以收割的庄稼……

从“時”字的造字，我们可以看出，古人对时间的认知，是从太阳一天的脚步开始的。

第一个丈量太阳脚步的人是谁？是夸父。

传说在远古时期，遥远的北方山林中生活着一群巨人，他们力大无比、勤劳善良，过得逍遥自在。

好景不长，有一年，天气突然变得炎热异常，火辣辣的阳光烤死庄稼、晒焦树木、炙干河流，人和动物都难以生存。

巨人的首领夸父决定追上太阳，让它听听人间的声音。

太阳在天上不紧不慢地移动，夸父则在地上像疾风一样飞奔，大地被夸父的脚步震得隆隆作响。

终于，夸父离太阳越来越近了！

越接近太阳，夸父就越渴得厉害。于是，他跑到黄河边，一口气喝干了黄河水，又跑到渭河边，喝光了渭河水，但还是不能解渴，他只好又向北飞跑，因为那里有个纵横千里的大泽。

只可惜，夸父还没跑到就渴死了，手中的木杖滑落于地。木杖落下的地方，一大片桃林拔地而起，郁郁葱葱，终年茂盛。

从早晨到黄昏，夸父追赶的太阳在天空中画出一个半圆。

根据古人的造字，我们姑且把太阳东升西落的半圆划分为：昧爽、旦、朝、阳、昰（是）、昃（zè）、暮、昏。

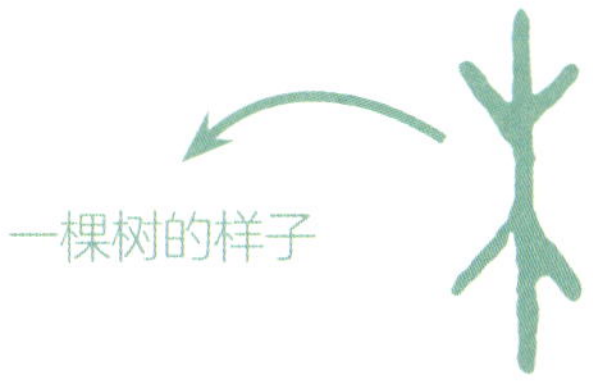

甲骨文“木”

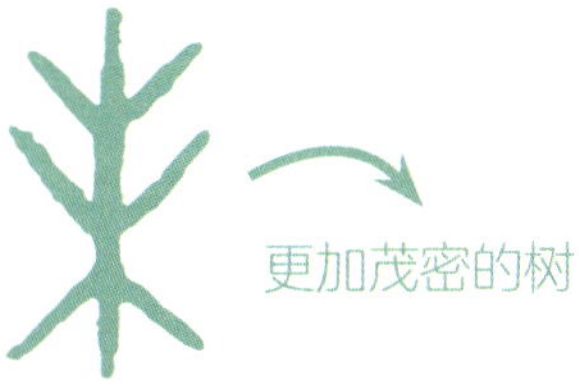

甲骨文“未”

金文“昧”

昧爽，是天蒙蒙亮，太阳即将升起但还没有探出地平线的时候。

“昧”字由“日”和“未”构成。“未”的甲骨文字形，主体是形似一棵树的“木”，只是上面的枝叶比“木”多了一重，显得更加茂密。茂密的枝叶很容易挡住视线，让人看不清后面的景象，所以，“未”就被用来表示未知。

“未”是“昧”的本字，而“昧”字因为加了一个“日”，就可以用于表示太阳准备登场但还不能被看见的状态。

有趣的是，甲骨卜辞中，这种状态被称作“妹”。对表示人伦关系的“妹”字的借用，让我们体味到人与太阳之间亲缘般的温暖。

金文的“爽”字先用一个“大”来表示正面站立的人，然后在他的两腋下画菱格小窗。这像不像一个人正站在窗前，感受从窗外透进来的缕缕晨光呢？

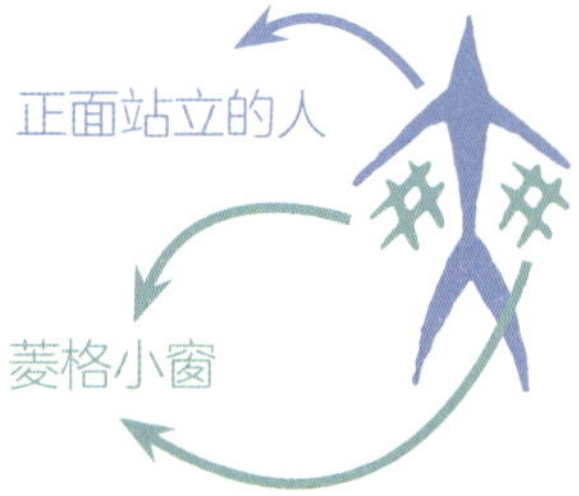

金文“爽”

“昧”“爽”放在一起，表达的就是虽然看不见太阳，但人们已经感受到小窗有些发白。

当这种白越来越浓烈，太阳就探出了头。不一会儿，红彤彤的太阳蓦地跳出地平线，活像一个从浴池里被托举出来的胖娃。

《山海经》中说到一个叫“甘渊”的地方，这里是太阳妈妈羲和给太阳洗澡的浴池。

这个地方还叫“汤谷”。“汤（湯）”字是“水”与“昜”（yáng）的组合，意思是“太阳之水”。

“羲和”的“羲”是“义（義）”与“兮”的组合，“义（義）”指美好，“兮”指气息发出，所以，“羲”指美好气息的发出。而“羲”字又是“曦”的本字，“和”表达的是和谐之美，所以，“羲和”就是太阳和谐之美的孕育者，也就是太阳的母亲。

当太阳从“甘渊”或者“汤谷”沐浴而出，我们就在东方看到了它全部的真容，而它离开地平线的那一刻，是突然跳出来的。

古人用“旦”字描绘这一情景：太阳虽然已从地平线升起，但下部还与地平线黏连。

山东的大汶口文化源自一个崇拜太阳的部落。在大汶口文化遗址出土的陶器上，刻有一个描绘日出的符号，上半部分与金文的“旦”极为相像。

“旦”字，似乎可以让我们目睹太阳跃出地平线那一瞬间的姿态。

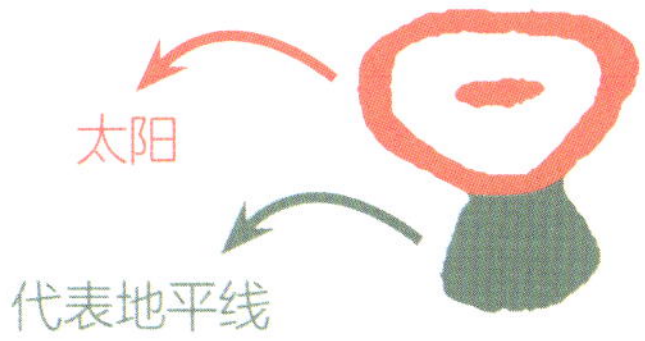

金文“旦”

大汶口文化遗址出土陶器上的日出刻符

“且”中的“日”字，是最直观描摹太阳形态的汉字。古人在造“日”字时，先画了一个圆圈，又在圆圈中间加了一个点，有人说这个点象征太阳黑子，也有人认为这个点是表示太阳与其他圆形事物的不同之处。

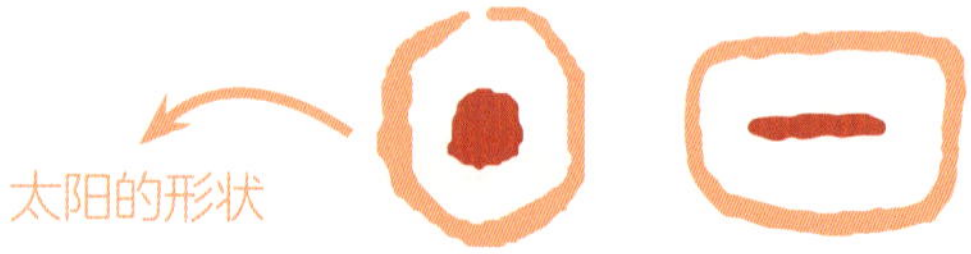

甲骨文

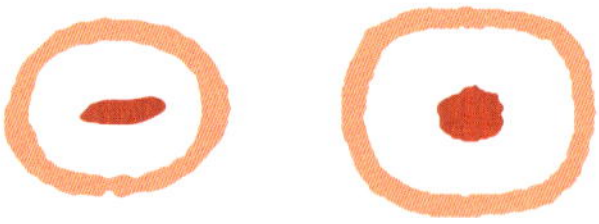

金文

日

不过，因为甲骨文需用刀刻画，很难刻出标准的圆形，因此，甲骨文的“日”字是一个接近圆形的多边形，甚至干脆简化为近方形。这样一来，中间的一点就变成了一道小横，成为今天“日”字的祖型。

金文因为是铸字，不受刀刻的限制，就可以表现出圆弧。

太阳升出地平线之后是什么样子?

在古人看来，初升的太阳好像还藏在草木之中，天上有时还有下弦月的影子。古人根据这一情景，造了“朝”字。

金文“朝”字中的月亮变成了水，显然是表示水与时间相关的变化，也就是潮汐。

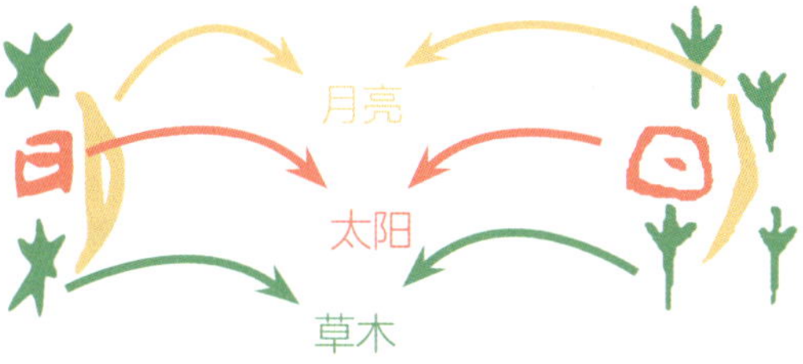

甲骨文

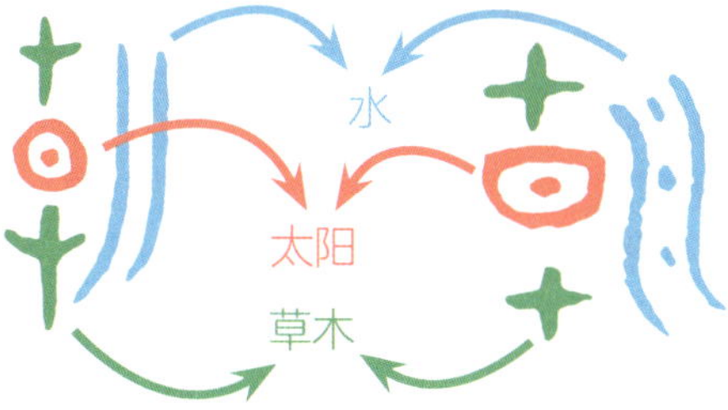

金文

朝

太阳越升越高，高出草丛，高出树林，古人如何来描摹这一情景呢？

画一轮太阳，然后在下面画一个表示上扬的字符，这就是“昜”字，它是“阳（陽）”的本字。

很多带有“昜”的字，都与有一定高度的含义相关：“阳（陽）”是升高的太阳，“扬（揚）”是高举的动作，“杨（楊）”是一种高大挺拔的树。

甲骨文“昜”

金文“昜”

甲骨文“阳（陽）”

金文“阳（陽）”

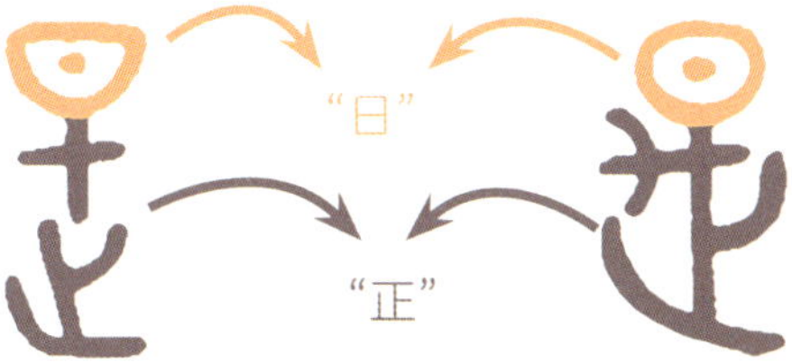

金文“昰（是）”

太阳继续升高，正午时分到达最高点。此时，如果我们在地上竖根杆，那么它的影子就会是一天之内最短最正的。

于是，古人就通过组合“日”和“正”把这一刻记录了下来，这就是“昰”（shì）字，后来写作“是”。

“是”就是日正，是一天之内光线最亮的时刻，最利于清楚观察事物，所以，“是”就衍生出“正确”的含义。

正午这个时间点在中国古代历法制定中具有重要意义。

如果我们来观察正午时分竖杆的影子，那么影子最长的一天就是冬至，影子最短的一天就是夏至。从冬至到夏至，中间点就是春分；从夏至到冬至，中间点则是秋分。由此，确立了二至二分这四个最重要的时间点。

后来，古人根据太阳投影的原理发明了一种计时仪器，这就是日晷（guǐ）。

太阳到达最高点，是一天中最好的时刻吗？不一定。古人告诉我们：日中则昃，月满则亏。

原来，无上的顶点正是下降的起点。正午之后，太阳开始向西降落。此刻，如果我们看见奔跑的夸父，就会发现他的影子已发生倾斜。一个倾斜的身影加上一轮太阳，就是“昃”字。

“昃”，给我们带来了“持满”的智慧。

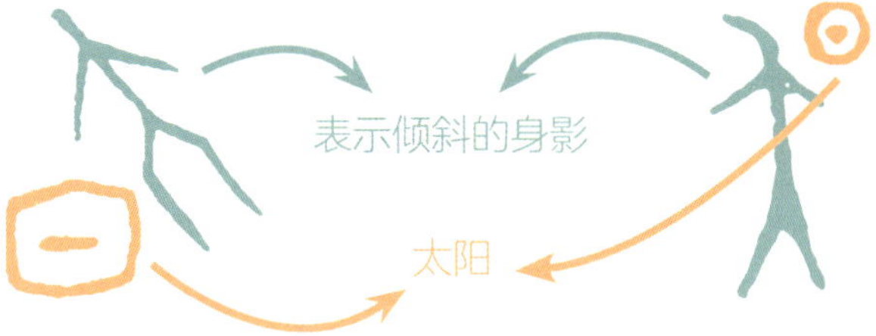

甲骨文　　金文

昃

有一天，孔子带领弟子们来到鲁桓公庙。庙里有个奇怪的器物，弟子们都认不出，就请教孔子。

孔子说："这是欹（qī）器。之所以叫它欹器，是因为它在中空的时候一定是倾斜的。并且，它会根据腹中水量，呈现三种状态：虚则欹，中则正，满则覆。"

接下来，孔子就给弟子们上了一堂生动的实验课。

他让弟子往欹器中注水，欹器的倾斜状态逐渐被矫正，注到一半左右，欹器呈端正状态，变成了"端器"。

之后，弟子继续注水，欹器又慢慢倾斜。就在即将注满的一瞬间，欹器突然倾覆，水全部倾洒出来。

孔子的实验给我们的启示是：再好的事情都不能追求满格。

当然，太阳的升落是自然的力量，不可以改变。所以，当太阳升到顶点的时候，我们就必须接受太阳即将下落的现实。

如果能做到坦然接受人生的起起落落，我们也就能成为智者。

太阳从“昃”的位置继续西沉，再次隐没在草木间，与它在东方初升时“朝”的高度大体相当。

为了区别于“朝”字，古人在表示这个时段时，去掉月亮，只保留草木间的太阳，造出了“莫”字。

当然，我们也可以反过来理解，或许是为了与“莫”字区别，古人在造“朝”字的时候，多加了一弯月亮。

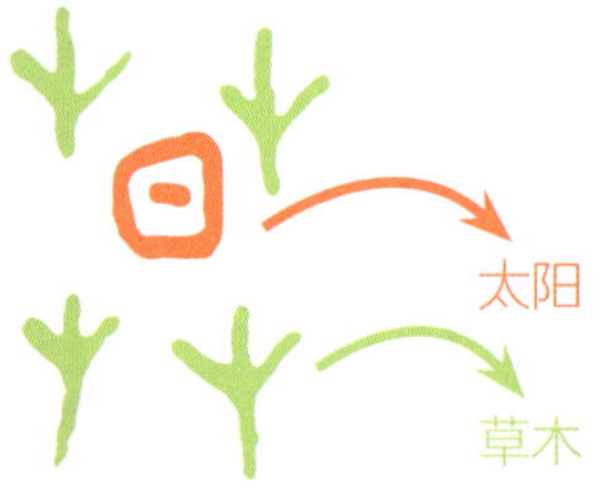

甲骨文“莫”

后来，“莫”字被借走表达其他的含义，古人又在“莫”的下方加了个“日”，造出“暮”字来表示这个时段。

与"旦"对应，太阳在下降到地平线时，处于一天当中可视的最低位置，于是古人把"低"的本字"氏"请了出来。

"氏"字描绘的是植物的幼芽即将破土而出的状态，所以可用于表示位置之低。

上"氏"下"日"的"昏"字，表示太阳一天之内所处的最低位置。至此，古人观察到的太阳的脚步达到终点，白昼结束。

在太阳降落之前，忙碌一天的农民荷锄归来。

太阳沉没于地平线之后去了哪里？

在古人看来，它去了一个叫“禺谷”或“虞渊”的地方，那里有一棵大树叫“若木”，太阳就栖息在上面。

“若”字最初的字形是一个人头发弯曲向上的样子，所以，“若木”就是一棵枝条弯曲向上的树。据古代文献记载，若木与扶桑树其实是一回事，只是人们习惯把太阳降落之所称作“若木”，把太阳升起之处称作“扶桑”。

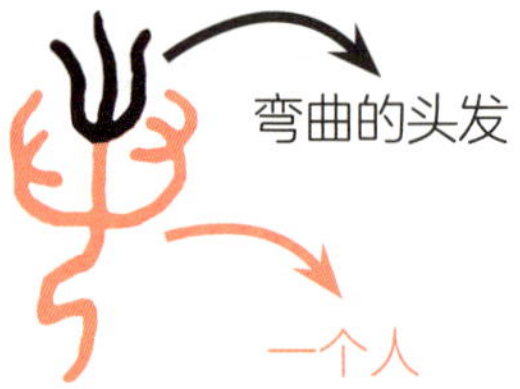

甲骨文“若”

三星堆出土的太阳树

无论是若木还是扶桑，树上究竟有几颗太阳？

带着这个疑问，走进三星堆博物馆，我们找到了那棵太阳树。

这棵青铜材质的太阳树高达四米，有九根枝条，每根枝条上都栖息着一只太阳鸟。

为什么是太阳鸟呢？古人认为，太阳没有翅膀，所以应该是有一只鸟驮着它飞行。

九根树枝上栖息着九只太阳鸟，天上还有一只太阳鸟正驮着太阳飞行。

《山海经》中说，太阳妈妈羲和一共生有十个太阳。

怎么区别这十个太阳呢？给他们起个名吧，十兄弟分别叫作甲、乙、丙、丁、戊（wù）、己、庚、辛、壬（rén）、癸（guǐ）。这就是用于历法的十天干。

十个太阳兄弟轮一遍岗就是十天，这就是古人所说的“一旬”。

十兄弟你方唱罢我登场，人间平安康乐。可是有一天，哥几个不知犯了什么糊涂，完全忘了值班的顺序，一起摇摇晃晃地爬上了天空，于是天空中出现了十个太阳。

强烈的太阳光把人间变成了一座火炉。田里的庄稼被烤焦了，辛勤耕作的农民颗粒无收；雪山的雪融化了，变成滔天的洪水。

面对人间的灾难，帝尧想到了一个人，这个人就是远在东夷的羿，他是一个天下闻名的射手。帝尧找来了羿，嘱托他去解救天下苍生。

羿背上他的弓箭，站在高高的山头上，确定了十个太阳的位置，拉满弓弦，向天空射去。

随着九声巨响，九颗太阳应声陨落。只有一颗太阳跑得快，藏到扶桑树上，躲过了一劫。

这颗幸存的太阳清醒过来，看到一片狼藉、民不聊生的人间，对自己的行为极其懊悔，便独自担负起原来十兄弟的职责，每天从东方升起，到西天降落，从不缺勤。

滔天的洪水逐渐退去，庄稼开始了新一轮的生长，小动物们又开始在林间欢快地奔跑、跳跃，人间从此恢复了往昔的生机。

太阳鸟飞完一个半圆后，月亮就登场了，黑夜也降临了。

白昼与黑夜循环交替，画出了一个又一个圆圈。

在甲骨文和金文中，“昼（晝）”字是上面一只手握着一支笔，意思是画出界限；下面的“日”字表示这是太阳主宰天空的时段，也就是白天。

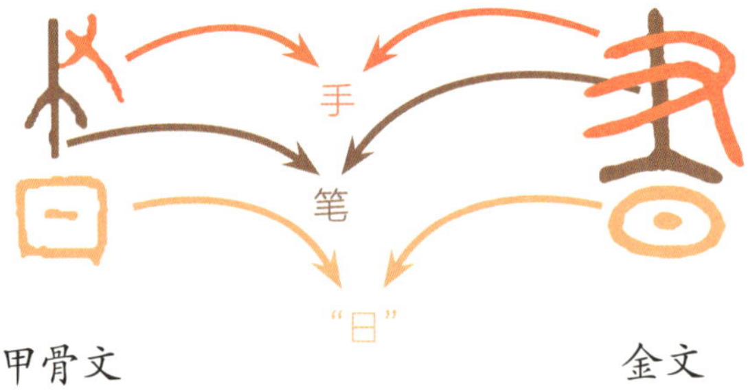

昼（晝）

与“昼”对应的是“夜”。

“夜”字十分有趣，因为它来自一个表示腋下的字形“亦”。一个正面站立的人，两边腋下分别有一个点，标识腋下的位置。

如果把一侧腋下的点去掉，换成一弯月亮，这个字就是“夜”。

甲骨文“亦”

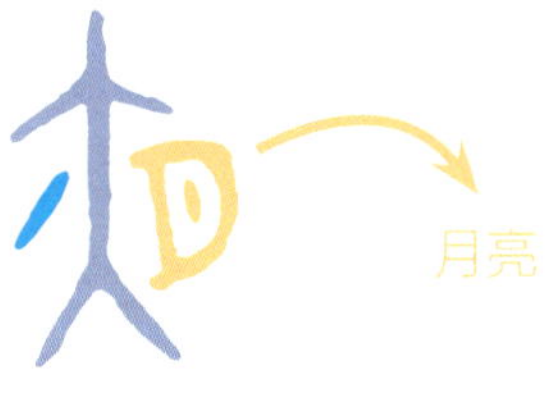

金文“夜”

古人认为，月亮是夜晚的标志，所以即使只画一弯月亮，也可以代表黑夜。

只画一弯月亮，或在其中再加一个竖点，这两种字形既可以是“月”，也可以是“夕”。后来，为了将二者区别开来，古人将加竖点的固定为“月”字，不加竖点的固定为“夕”字。

甲骨文“夕”

甲骨文“月”

金文“夕”

金文“月”

其实，月亮的升降，并不与太阳的升降接续。月亮有它自身的运行规律，在一个月左右的时间内，它在天体背景中不断变换自己的位置。

比如上弦月，我们会在黄昏时看见它在西天；下弦月，我们会在太阳升起之前看见它在东方；而满月总是在黄昏时分升起于东方。所以，完美接续太阳工作的只有满月。

朔月：阴历初一，月亮在太阳与地球之间，以它的暗面对着地球。

蛾眉月：阴历初三、初四的傍晚出现在西方天空，月面朝西，状如女子弯眉。

上弦月：阴历初七、初八上半夜出现在西方天空，月面朝西。

盈凸月：阴历十二、十三，月球圆面上绝大部分是明亮的。日没前东升，次日日出前西没。

满月：阴历十五、十六，地球处在太阳和月球之间，整个月球的亮面对着地球。

亏凸月：阴历十六至二十三，满月以后的凸月，日没以后东升，次日日出以后西没。

下弦月：阴历二十二、二十三下半夜出现在东方天空，月面朝东。

残月：阴历二十四至月末，残月如钩，黎明出现在东方天空，月面朝东。

或许是为了表示月亮与太阳运行的错位，古人把月亮妈妈的孩子设计成十二个，比太阳母亲之子多两个。这十二个月亮分别叫子、丑、寅（yín）、卯（mǎo）、辰、巳（sì）、午、未、申、酉（yǒu）、戌（xū）、亥（hài）。这就是十二地支，既可以对应十二年、十二月的周期，又可以对应十二时辰。

为了形象地区别十二年周期对应的十二地支，古人还发明了十二生肖，对应关系分别是：子鼠、丑牛、寅虎、卯兔、辰龙、巳蛇、午马、未羊、申猴、酉鸡、戌狗、亥猪。

月亮的运行规律还表现在圆缺变化当中。古人把月圆的日子称作“望”，把看不见月亮的那一天称作“朔”。

从早期字形来看，“望”像是一个人站在大地上，回头望天上的月亮——因为这一天的月亮极为醒目，人往往会禁不住抬头仰望。

望

“望”这一天，地球运行到太阳和月亮之间，如果地球挡住了太阳照射到月亮的光线，就形成了月食。

月食示意图

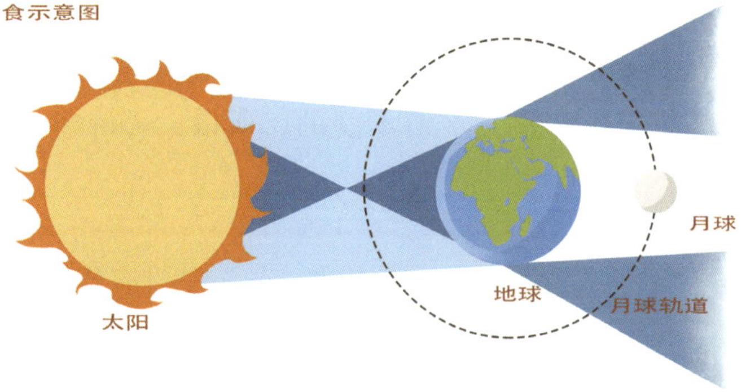

日食示意图

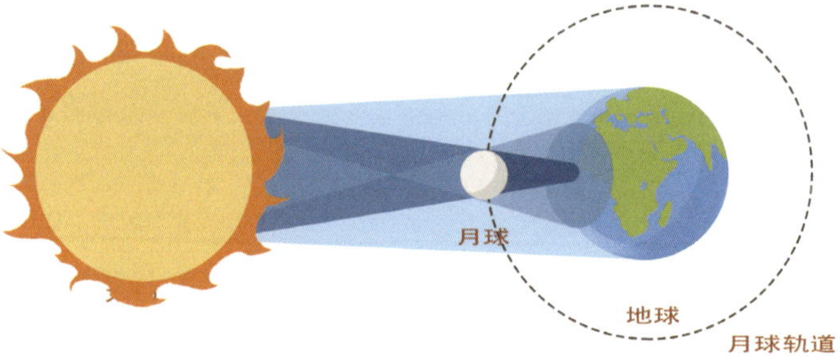

与“望”对应的是“朔”。

“朔”字由“屰”（nì）与“月”构成，“屰”是一个倒立的人形，表示与月明相反的状况。

“朔”这一天，月亮运行到太阳和地球之间，我们看不到月亮，如果月亮挡住了太阳照射到地球的光线，就形成了日食。

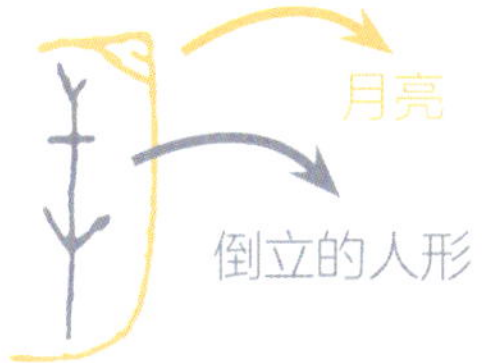

金文“朔”

月圆月缺的规律几乎是永恒不变的，所以，《诗经》中说：“如月之恒，如日之升。”

“恒”字来自对月亮的描绘。最初的“恒”字没有竖心旁，上面一画代表天，下面一画代表地，中间则是一弯月亮。这个字本来写作“亙”（gèn），后来写作“亘”（gèn），既可表示永恒，也可表示月亮横亘天空。为了区别，人们在表达永恒的含义时，加了一个“心”的偏旁，让这种永恒有了温度。

甲骨文　金文　金文

恒

月圆月缺的周期是永恒不变的，那么，这一周期有多长时间呢？古人发现大约是 29 天半，并把这一周期称作“月”。29.5 × 12=354，这个时间跨度与太阳回归年的 365 天十分接近，于是，古人就把十二个月分布在一年当中，它们轮一遍就是一年。

古人把日称作太阳，把月称作太阴。所以，用日来计算的历法叫太阳历，简称阳历；用月来计算的历法叫太阴历，简称阴历。

按照正常的计算，太阳历大约 365 天，太阴历大约 354 天，中间相差 11 天左右，两三年之后，阳历和阴历之间就相差一个月左右。怎么办？为了解决这个问题，聪明的古人想到了闰月的办法：每十九年间，加七个闰月，也就是说，在十九年当中，有七年是十三个月。由此，基本上解决了阴阳历法的对应问题。

在古人看来，太阳和月亮是两个最明亮的天体，所以把太阳和月亮都称作“明”。

最初的“明”字由一扇圆形的小窗和“月”字构成。

透过小窗照进黑暗房屋中的月光是格外醒目的，古人就根据这种感官体验创造了“朙”字，继而简化为“明”，隶变之后，成为我们所熟悉的日月之“明”。

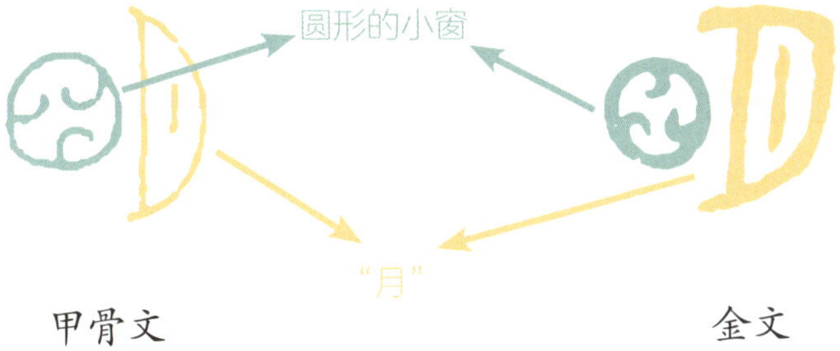

明

甲骨文　　　　金文

星

天上当然不只有太阳和月亮，还有数不清的星星，只是白天的时候，它们被过于强烈的太阳光芒掩盖了。

或许古人认为星星是晚上能看到的类似太阳的发光体，所以他们在造“星”字时，其实是用了几个“日”字。后来，“星”的字形固定为三个“日”下加一个“生”，仿佛这三颗太阳是从一棵苗上长出来的。

在这些星星当中，有一些格外受到古人关注，比如北斗、参（shēn）星、商星……

“斗”字来自古代一种量器，这种量器特别像大勺子，所以北斗星也被亲切地称为“勺子星”。

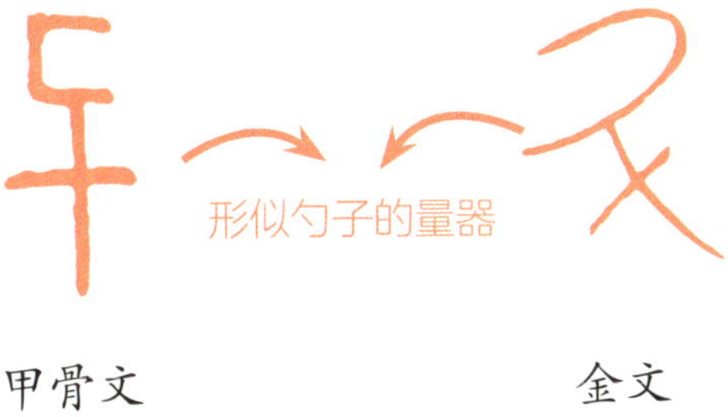

斗

北斗星在中国古代不仅能用来确定方位，还可以用来判断季节：斗柄指向东方，就进入了春季；指向南方，就进入了夏季；指向西方，就进入了秋季；指向北方，就进入了冬季。

金文“参（參）”

参星是冬春之际入夜时分可以在南天看见的一组星，其中有三颗星整齐排列，所以“参”的最初字形是三颗星在上、一个人在下。因为这个缘故，“参”也有了“三”的含义，“三”的大写“叁”就是从“参”字演化而来的。

商星又叫大火星，在远古时期被农耕民族当作重要的参照物。当大火星从东方升起的时候，就该种庄稼了；当大火星慢慢下沉到地平线的时候，就该收庄稼了。《诗经》中所说的“七月流火”，就是指秋天大火星划过西天，即将沉入地平线，而七月则是夏历秋天的第一个月。

甲骨文　　金文

商

参星和商星处于遥遥相对的位置，能看到参星的时候看不到商星，能看到商星的时候看不到参星，所以杜甫的诗中说：“人生不相见，动如参与商。”

传说，阏（è）伯和实沈（chén）都是帝喾（kù）的儿子，但是兄弟二人一见面不是争吵就是打架。无奈之下，帝喾把阏伯派到了商丘，主管商星；把实沈派到了大夏，主管参星。从此，兄弟俩再未相见。

古人把天空分成几个大的区域，在北天极附近有紫微垣、太微垣和天市垣“三垣”。在三垣周围，分别是东青龙、西白虎、南朱雀、北玄武“四象”，这是四方的空间概念。四象的每一象都由七组星宿组成，合计二十八宿。

日月是旋转的，星宿也是旋转的。所以，这四象二十八宿并不同时呈现于夜空，而是有隐有现。四象代表四季——青龙代表春季，朱雀代表夏季，白虎代表秋季，玄武代表冬季，当四象的星宿轮番出现于夜空的四方时，人世间就呈现出相应的季节。

由此，古人恍然大悟：原来时、空是一回事，**从一个角度认知，它是空间；从另一个角度认知，它是时间。**于是，古人把空间称作“宇”，把时间称作“宙”，“宇”“宙”加在一起，就是全部的时空。

我们生活在空间中，我们生活在时间中，我们生活在宇宙中。

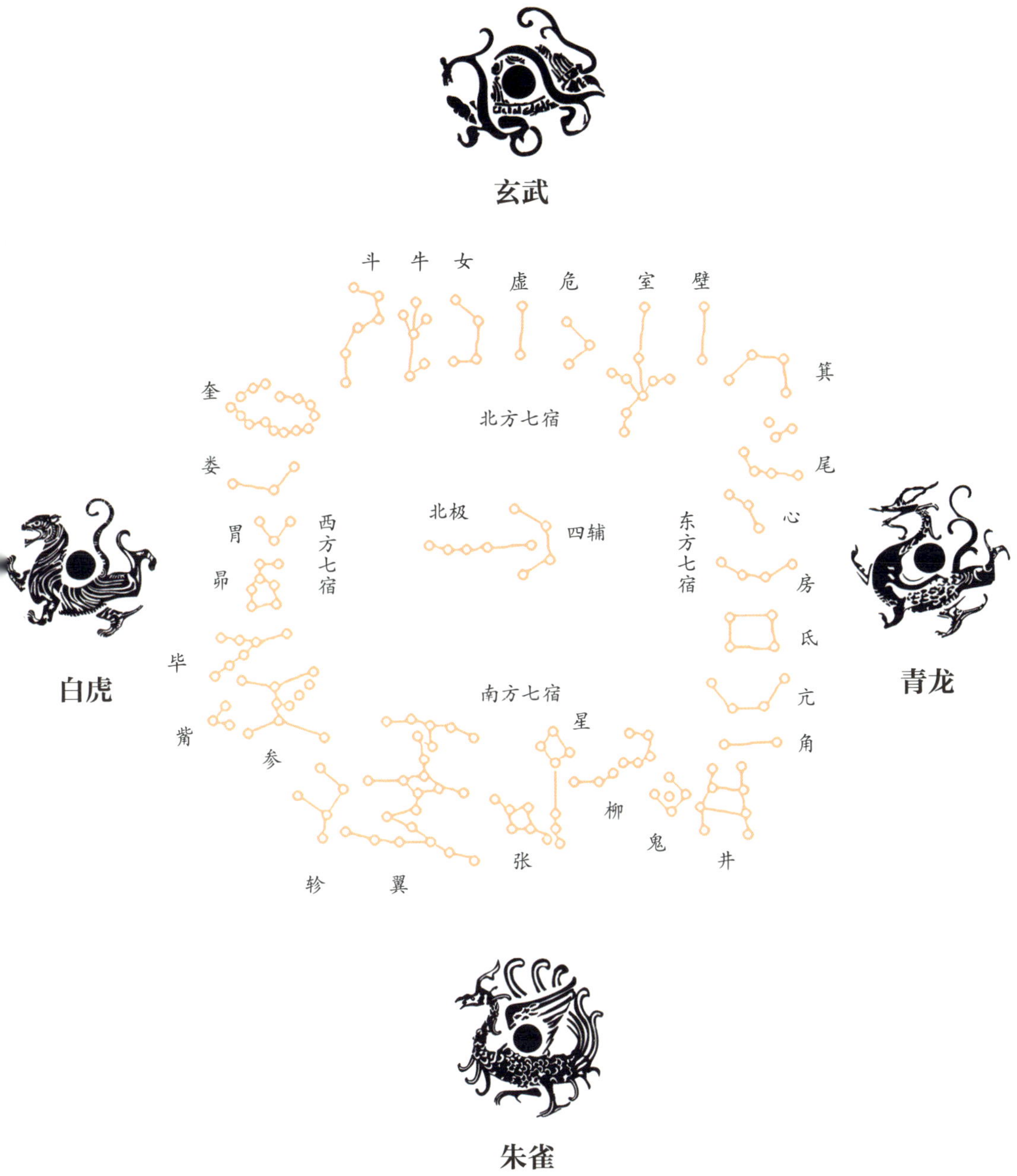
玄武
斗
牛
女
虚
危
室
壁
箕
奎
北方七宿
娄
尾
北极
四辅
西方七宿
东方七宿
心
胃
昴
房
氐
白虎
青龙
毕
南方七宿
亢
觜
星
角
参
柳
鬼
井
张
轸
翼
朱雀

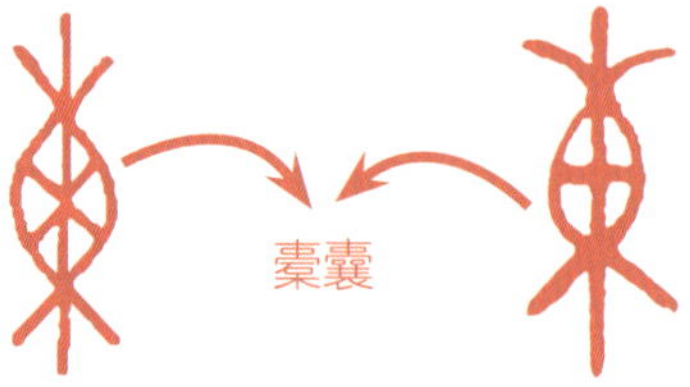

甲骨文　　　　金文

东（東）

东青龙、西白虎、南朱雀、北玄武，东、西、南、北，古人如何造出这四个表示空间方位的字呢？

“东（東）”的字形像一个橐囊（tuónáng，两头扎口的包袱），我们还可以把它想象成一个红灯笼。

你把“灯笼”两个字说得快一点试试。呃？还真就像“东”的发音。不知道这是不是古人造字时的真实想法。

不过，闭上眼睛想一想，太阳初升于东方，红彤彤地挂在树梢上，还真就像一只红灯笼。

与东相反的就是西，那是太阳降落的方位。

如何表示这一方位呢？

古人想到了太阳落山时飞鸟归巢的情景，于是画了一个鸟巢来象征西。

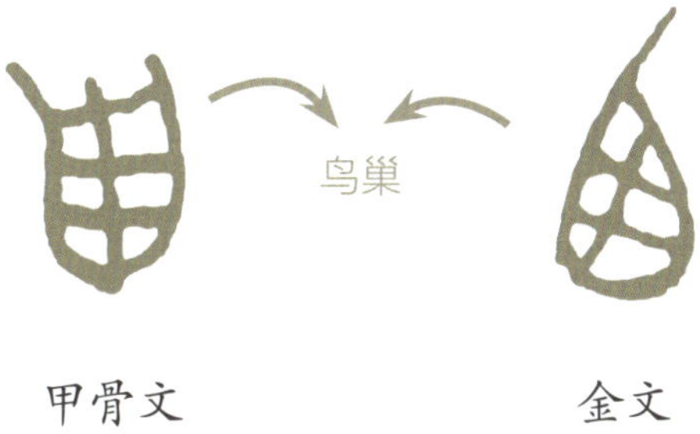

西

南、北也与太阳有关，比如向阳为南、背阴为北，但古人在造这两个字时用了另外的思路。

“南”的字形是一个悬挂的乐器，类似于钟镈（bó），上方是用来悬挂的系钮，下方是器身。

这类乐器在演奏时通常被悬挂在南面，所以古人用这个字形代表南这一方位。

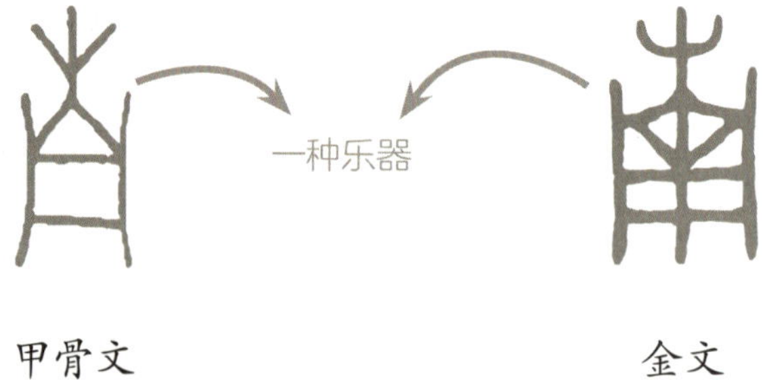

南

“北”字最初由两个人形构成，左边的人向左，右边的人向右，表示两个人互相背离。

这个字最初的含义是后背，但由于古人观察天象或地形，都习惯背向北、面朝南，所以这个字便被借去表示北这一方位了。

之后，古人又在“北”的下面加上一个“月（肉）”，造出了后背的“背”字。

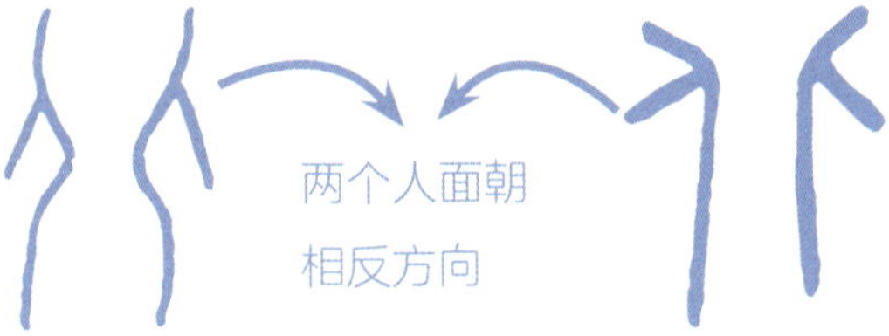

甲骨文　　　　金文

北

被四方包围的中间区域，该用什么字表示呢？

没错，就是“中”。

早期“中”的字形，方框或圆圈代表某个确定的位置，贯穿其中的竖画代表旗杆，旗杆的上下两端有飘扬的旗帜以及旗帜上的飘带，旗帜上或有氏族的族徽。所以，“中”字就表示先民插旗于氏族聚集地的空旷之处，召集众人，而插旗之处就是众人聚集的中心。

“中”还是一个哲学概念，比如“中和”“中道”“中庸”。

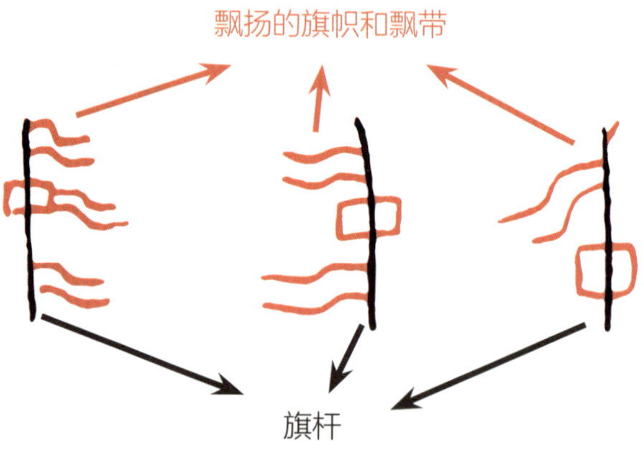

甲骨文“中”

东西南北中五方对应着古老的五行观念。

五行分别为木、火、土、金、水。

在甲骨文中，“木”就像一棵树，“火”就像一簇火苗，“土”就像一个土堆。

甲骨文“木”

甲骨文“火”

甲骨文“土”

“金”的字形首见于金文，字中的两个点就像两个铜锭，上半部分像倒扣的坩埚（gānguō），下半部分近似“王”字，而“王”是斧钺的象形。

因此，“金”的本义可能是把铜锭熔化后从坩埚中倾倒出来，铸成斧钺等青铜器。

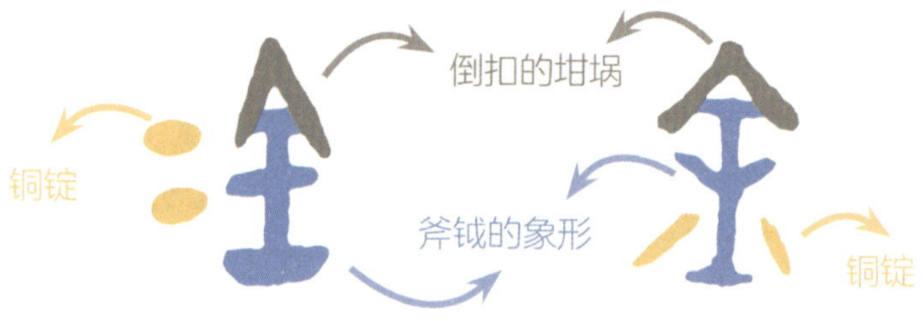

金文“金”

“水”的本义是河流。

所以，甲骨文和金文的“水”字，都以中间弯曲的实线象征河流，以两边的小点象征水花。

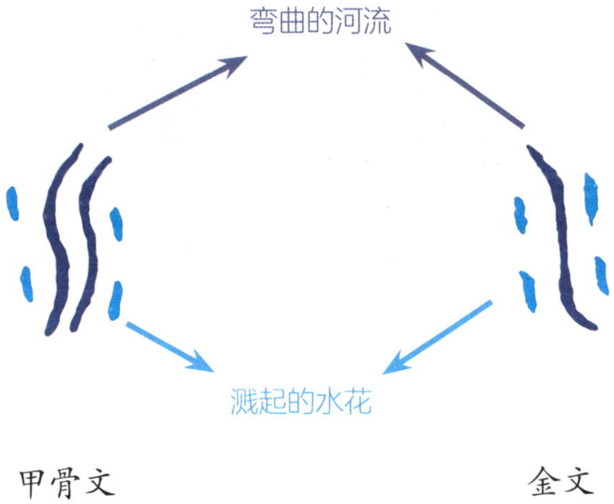

水

五行是中国古代非常重要的观念，它把天人合一的思想推到了极致，也就是世间的万事万物都可以用五行之间的关系解读。比如，五行对应五方、五色、五音、五季、五脏。

五行对照表					
五行	木	火	土	金	水
五方	东	南	中	西	北
五色	青	赤	黄	白	黑
五音	角	徵	宫	商	羽
五季	春	夏	长夏	秋	冬
五脏	肝	心	脾	肺	肾

五行的观念还被应用于古人肉眼观测到的五颗行星，按照距离太阳由近及远的顺序，它们分别是水星、金星、火星、木星、土星。

在中国古代，水星又叫辰星，火星又叫荧惑星，土星又叫镇星。

金星有三个名字：在太阳升起之前出现在东方时，被称作启明星；在太阳落山后出现在西方时，被称作长庚星；而在神话传说中，又被称作太白金星。

木星的另一个名字叫作岁星，“岁（歲）”的造字正是源于木星。

“岁（歲）”字的主体由“步”和“戈”或者“戌”构成，表示持戈巡行，而巡行的地方就是天空。

古人把黄道二十八星宿划分为十二星次，而木星每年移动的距离基本上是整个黄道的 1/12。换句话说，木星每年巡行一个星次，十二年绕黄道一周。

依照这个规律，古人用木星巡行的一个星次代表一年的时间，这也是岁星名字的由来。

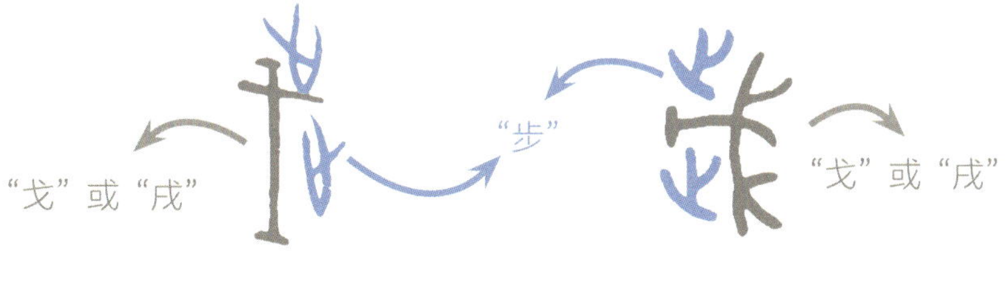

甲骨文　　金文

岁（歲）

太阳的一个起落代表一天，月亮的一度圆缺代表一月，太阳在黄道上运行一周代表一年，而木星（岁星）在黄道上运行完一周十二个星次，代表十二生肖的一个轮回。

中国古代对年月日的各种推算，基本都与太阳相关，所以，古人把“时（旹）”字会意为太阳的脚步。

不过，从一天在古时被称作一日来看，太阳最重要的意义还是体现在对一天的定义上。

对于农耕民族来说，还有一个表示时间概念的字描述了庄稼的一生。这个字是什么，又有什么来历呢？让我们接着看“一年——庄稼的一生”。

月满则亏。正午之后，太阳开始向西
”，给我们带来了“持满”的智慧

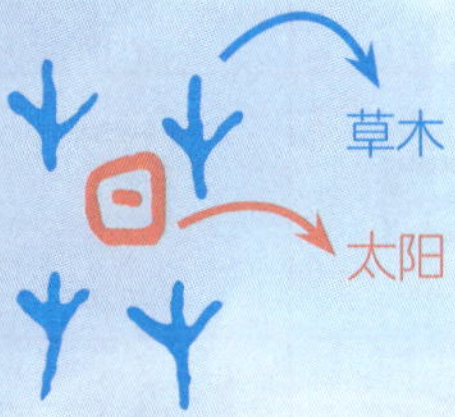

莫

▲ 太阳继续西沉，再次隐没在草木间

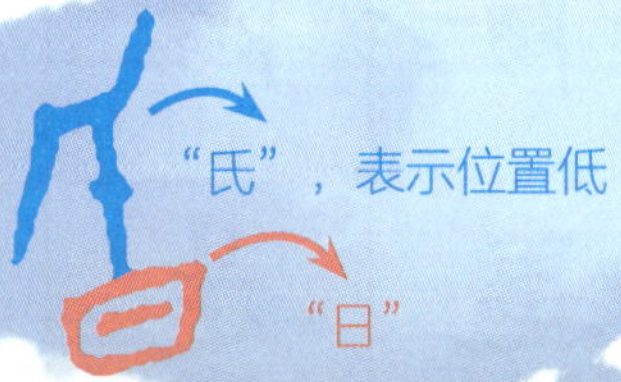

昏

▲ 与“旦”对应，“昏”表示太阳一天之内所处的最低位置。至此，白昼结束

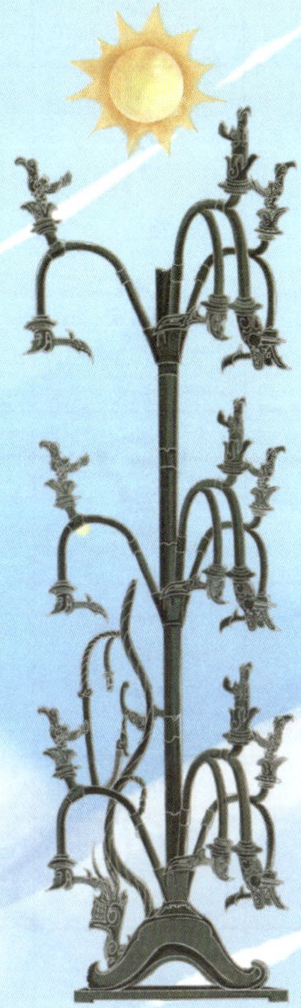

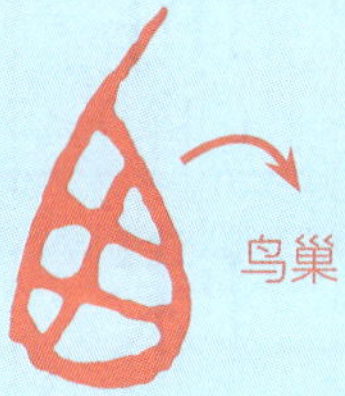

西

▲ 太阳落山，飞鸟归巢，此方位为西

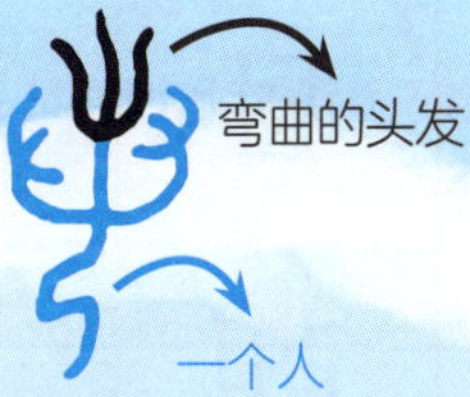

若

▲ 禺谷（虞渊）——太阳降落栖息在这里的若木之上

斗

▲ 北斗星在中国古代不仅可以用来确定方位，还可以用来判断季节：斗柄向东为春，向南为夏，向西为秋，向北为冬

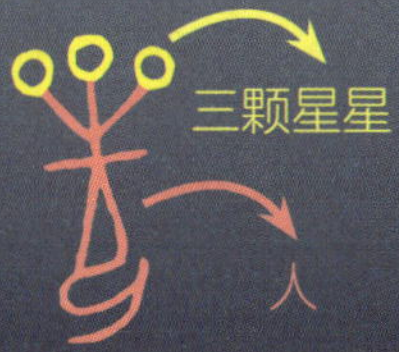

参（參）

▲ 参星是一组星，其中有三颗整齐排列，它与商星处于相对的位置

商

▲ 商星又叫“大火星”，它从东方升起的时候该种庄稼，夏历七月，它慢慢下沉到地平线的时候，就该收庄稼了

时（時）	甲骨文	金文	篆书	隶书	楷书
昧	金文	篆书	隶书	楷书	
爽	甲骨文	金文	篆书	隶书	楷书
旦	甲骨文	金文	篆书	隶书	楷书
日	甲骨文	金文	篆书	隶书	楷书
朝	甲骨文	金文	篆书	隶书	楷书
阳（陽）	甲骨文	金文	篆书	隶书	楷书
是（昰）	金文	篆书	隶书	楷书	
昃	甲骨文	金文	篆书	隶书	楷书
莫	甲骨文	金文	篆书	隶书	楷书
昏	甲骨文	金文	篆书	隶书	楷书
若	甲骨文	金文	篆书	隶书	楷书

昼（晝）	甲骨文	金文	篆书	隶书	楷书
夜	金文	篆书	隶书	楷书	
月	甲骨文	金文	篆书	隶书	楷书
望	甲骨文	金文	篆书	隶书	楷书
朔	金文	篆书	隶书	楷书	
恒	甲骨文	金文	篆书	隶书	楷书
明	甲骨文	金文	篆书	隶书	楷书
星	甲骨文	金文	篆书	隶书	楷书
斗	甲骨文	金文	篆书	隶书	楷书
参（參）	金文	篆书	隶书	楷书	
商	甲骨文	金文	篆书	隶书	楷书

东（東）	甲骨文	金文	篆书	隶书	楷书
西	甲骨文	金文	篆书	隶书	楷书
南	甲骨文	金文	篆书	隶书	楷书
北	甲骨文	金文	篆书	隶书	楷书
中	甲骨文	金文	篆书	隶书	楷书
木	甲骨文	金文	篆书	隶书	楷书
火	甲骨文	篆书	隶书	楷书	
土	甲骨文	金文	篆书	隶书	楷书
金	金文	篆书	隶书	楷书	
水	甲骨文	金文	篆书	隶书	楷书
岁（歲）	甲骨文	金文	篆书	隶书	楷书

漢字入門

4

一年——庄稼的一生

爆竹声中一岁除，

春风送暖入屠苏。

千门万户曈曈日，

总把新桃换旧符。

王安石的这首家喻户晓的《元日》，写出了中国人过年的热闹场面。

年，对中国人来说，是最重要的节日，即使常年在外的游子，也往往要在除夕前赶回家过年。

福

传说，“年”是一头怪兽，总在过年的时候到村里吃人。为了驱赶年兽，人们就在除夕换桃符、贴门神、放鞭炮……

其实年兽的传说并不是很悠久，而“年”字早在甲骨文中就有，与年兽无关。

那么，“年”到底是什么？

“年”的甲骨文字形上“禾”下“人”，会意一个人背着沉甸甸的谷物，这是一个收获庄稼的场景。

既然与庄稼有关，我们就从一粒种子说起吧。

当春风推开天地之门、掠过田野之时，辛勤的农民种下第一粒种子。

一声春雷，天降甘霖。种子从长眠中醒来，啪的一声打开种壳，新一轮生命之旅开始了。

依照种壳破开的样子，古人造了“甲”字：外周的边框是种子的轮廓，中间的“十”字象征裂纹。有时候则干脆省略外框，直接画个“十”字形。

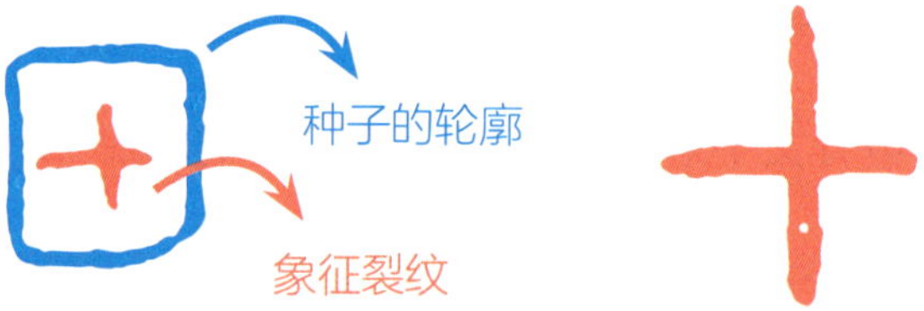

甲骨文

金文

甲

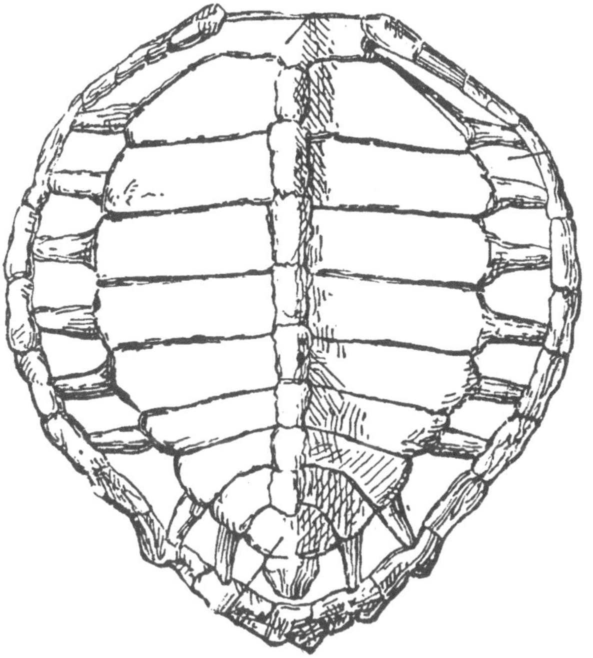

“甲”的第一层含义就是壳，所以，龟壳叫作“龟甲”，古代士兵打仗时穿的防护服叫作“铠甲”，身体外面有硬壳保护的昆虫叫“甲虫”……

因为“甲”描摹的是种子破壳而出的一瞬间，所以，它也是生命开始的象征。由此，古人在排列十天干的时候，把“甲”排在了第一位。

种子破壳之后，开始发芽。

发芽的最初过程隐藏在地下，首先是生根，然后种芽带着种壳顽强地拱向地面。

依照种子即将破土但还没有破土的状态，古人造了“氏”字。

甲骨文的“氏”字，像一棵刚刚扎下根正弯曲向上的种芽，旁边的菱形构件则不知是冒出来的第一枚子叶，还是尚未脱落的种壳。

由于这棵种芽还没有拱出地面，处在最低的位置，所以，“氏”古同“氐”（dǐ），是“柢”“低”“底”等字的本字，而含有“氏”的“昏”字，也是代表太阳处在最低位置的时段。

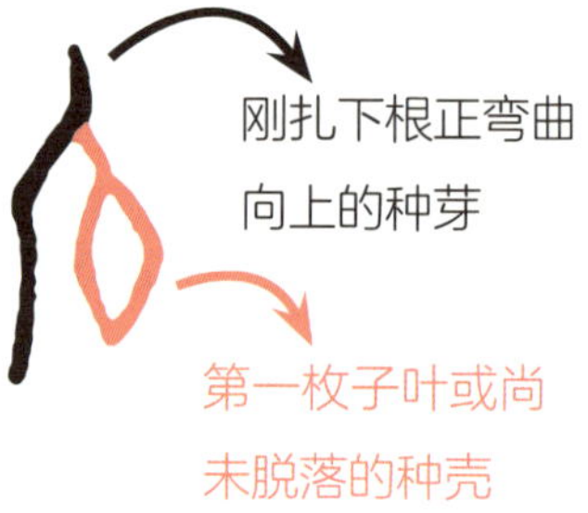

甲骨文

金文

氏

后来，“氏”字很少在本义上单独使用，更多指姓氏的“氏”。其实，姓氏的“氏”还是采用了根柢的象征含义。

在秦汉以前，“氏”很重要，它代表了男子本人或者其祖先的地位或功绩。比如商鞅的采地被封在商这个地方，所以商鞅以商为氏；孔子的六世祖是宋国的重要大臣孔父嘉——名嘉字孔父，所以孔子家族以孔为氏。在秦汉以前，氏是男人的标签。

我们再把视线转回那棵稚嫩的种芽。

在雨露的滋润下，种芽终于拱破泥土，冒出地面。

针对这一情景，古人在造字时画了一棵草，然后在这棵草上画了一道横线代表地面，让草芽刚从地面冒出个尖儿。

这就是“才”字。它最初所要表达的含义是：你看，我冒出了地面，我存在于这里。

所以，“才”是“在”的本字。

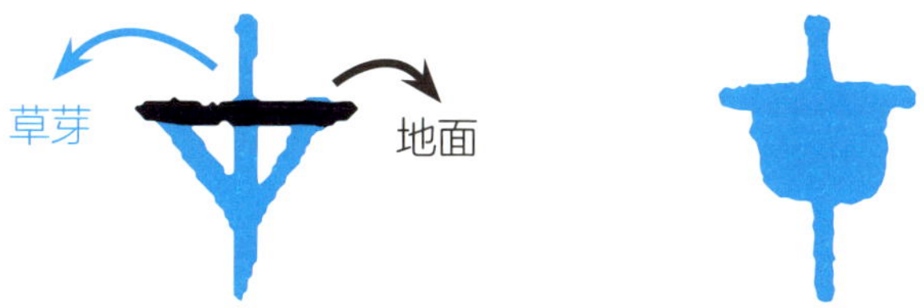

甲骨文 金文

才

中国人天人合一观念中，有一个非常重要的概念——“三才”。

是哪“三才”呢？天、地、人。

根据“才”字的本义，我们不难理解，“三才”就是三种最根本的存在：**没有天和地，就没有万物生长的空间；没有人，就没有感受、观察、思考世间万象的万物之灵。**

存在即有用。“才”后来多用于表示才能的含义，有时候为了强化有用的含义，也写作被广泛使用的木材的“材”，比如李白诗中说：“天生我材必有用。”

“才”字就这样被引申的含义给借走了，它的本义怎么办？那就在这个字形下面加一个“土”字吧，这就是我们现在使用的“在”字的祖型。

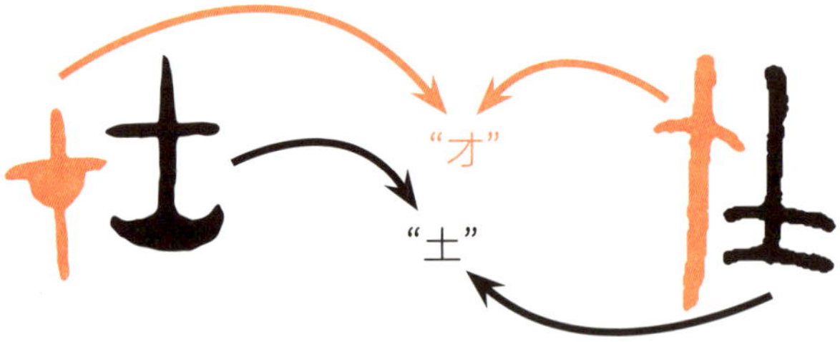

金文“在”

种芽继续生长。它冒出地面，那一枚芽叶抑或未脱落的种壳指向天空，那是植物生长的方向。这就是“屯”字最初表达的含义。

甲骨文的“屯”字，就是种芽从地下长出地面的样子，字形中靠下的横线代表地面。

芽叶或未脱落的种壳在金文字形中变成一个圆点，或简化为一道小横线。变形后的“屯”字更像是一棵小草芽在顽强生长过程中遇到了阻力，所以，“屯”最初还有一个重要的含义，就是初始时的艰难。

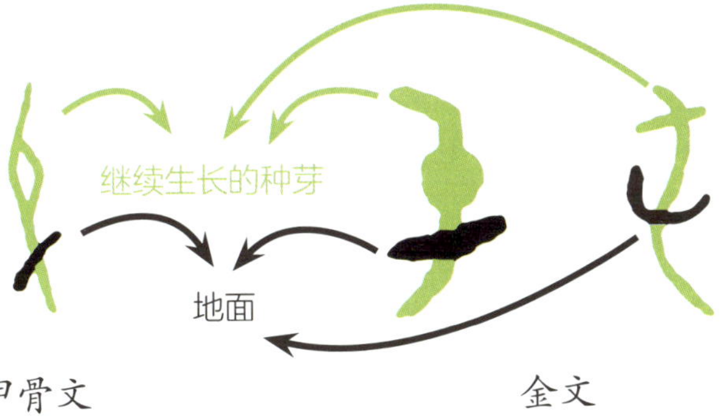

屯

中国人总是会切换不同角度看问题。正是因为生长艰难，所以才会利用这一缓慢生长的阶段，积蓄经验和能量，由此，“屯”也有暗中积蓄能量的含义。

因为刚出地面，对外面的世界茫然无知，所以“屯”还是“浑沌”的“沌”（dùn）的本字，而这种浑沌，却正是道家推崇的一种回归本原的境界。

庄子曾经讲过一个故事：

世上有三帝，南海之帝叫倏（shū），北海之帝叫忽，中央之帝叫浑沌。

倏和忽去看望浑沌，浑沌非常热情地招待他们，倏和忽很感动，就商量该如何报答浑沌。

想来想去，他们觉得人有七窍，可以用来吃饭、呼吸、感受外在世界，而浑沌却没有，便决定给浑沌凿出七窍来。

于是他们为浑沌一天凿出一窍。

七天过去，浑沌被凿出了七窍，却流血身亡了。

在这里，庄子用浑沌象征“道”自在无为的状态。**如果强行给“道”施以人为干扰，“道”就不存在了。**

我们从庄子的故事再回到“屯”的造字，“屯”除了是“沌”的本字之外，还是“纯”的本字。“纯”的本义是没有染色的丝织品，引申指人内心的纯净——多像这棵刚刚冒出地面的小草芽啊！因为刚露出地面，还没被周围的环境熏染，所以它还有着纯洁的内心。

小草芽在什么季节长出地面？对，是春季。所以，“春（萅）”的造字一定要有“屯”的参与。

早期的“春（萅）”字有几种字形：由草与“屯”字构成、由木与“屯”字构成，还有在草木与“屯”字之外再加一个“日”字的构形，表示草木发芽的时节。

对于农耕民族来说，春季是耕种的季节，也是一个对未来充满希望的季节。

甲骨文“春（萅）”

露出地面的草芽甩掉种壳，两侧的叶片也舒展开来。古人在这棵小草下面又加了一个“土”字，造出了生长的“生”字。

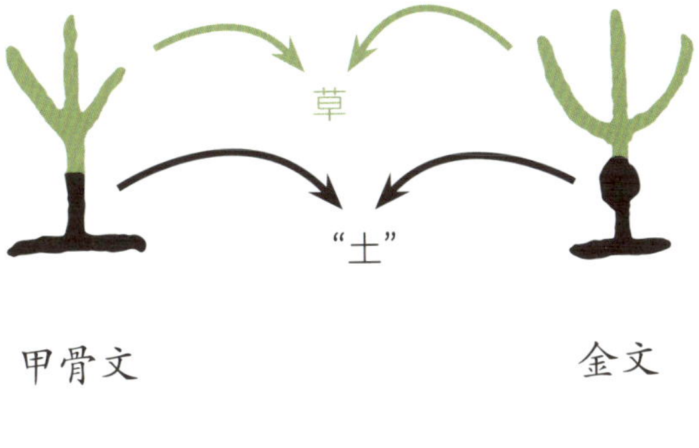

生

在“生”字所表示的阶段，小草已经完全露出地面，可以在阳光下不断生长，将来还会结出籽实，完成一代又一代的繁衍。

物我为一，人类何尝不是这样一代代繁衍生息，所以，在“生”的旁边加一个“女”字，就变成了姓氏的“姓”。

为什么是“女”字旁呢？从字形上，我们可以理解为，所有的人都是由女人所生，也就是说，我们每个人都有自己的母亲。

我们的生命是由母亲赋予的，这就是我们与母亲之间天然亲情的根源。

同时，“姓”的造字，也是母系社会遗留下来的痕迹。母系社会以母亲一方的血缘来确定家族关系，“姓”最初也就成为区分不同血缘群体的标志。

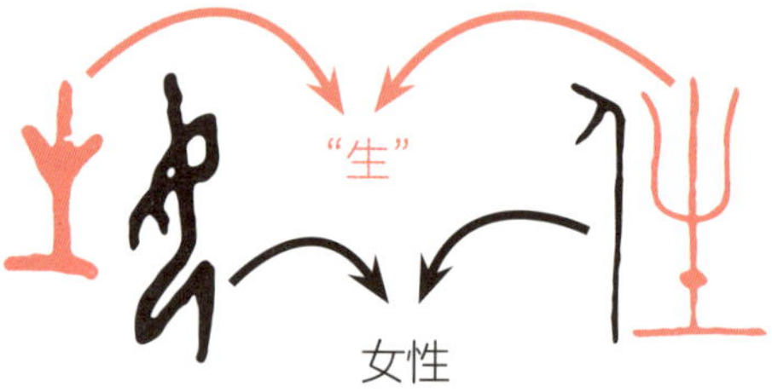

甲骨文　　金文

姓

甲骨文　　　　金文

屮

“生”的字形中包含一棵草——“屮”（chè），如果画两棵这样的草形，表示有好多草，这个字就是“艸”（cǎo），也是“草”字的本字。

我们本来要讲庄稼的一生，为什么一直在讲草？

因为我们的庄稼，其实是经过农耕民族千百年的努力，由野草“驯化”而来的。

那么，这些庄稼的幼苗长在田间是什么样子呢？

写一个“田”字，上面有一棵幼苗的是“甫”字，有两三棵幼苗的是“苗”字。

就甲骨文字形而言，“甫”的含义与“生”相近，表示刚刚开始。“生”是草芽刚刚钻出泥土，“甫”则像庄稼的幼苗刚刚长出田地。

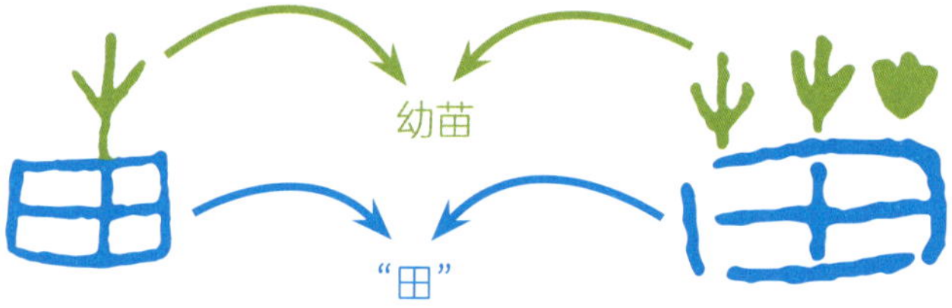

甲骨文“甫”　　甲骨文“苗”

现在，“苗”字不仅指庄稼的幼苗，还可以指称所有草木的幼苗。“苗”是什么？“苗”意味着成长所带来的希望。

当庄稼逐渐长成禾苗的样子，我们就可以认出它是哪种庄稼了。但这离收获还很远，农民要像养育自己的孩子一样，对禾苗精心呵护。对于这个阶段，古人用“季”字来表示——上面一个“禾”，下面一个“子”，表示庄稼尚未成年。由此，“季”字还是稚嫩的“稚”的本字。

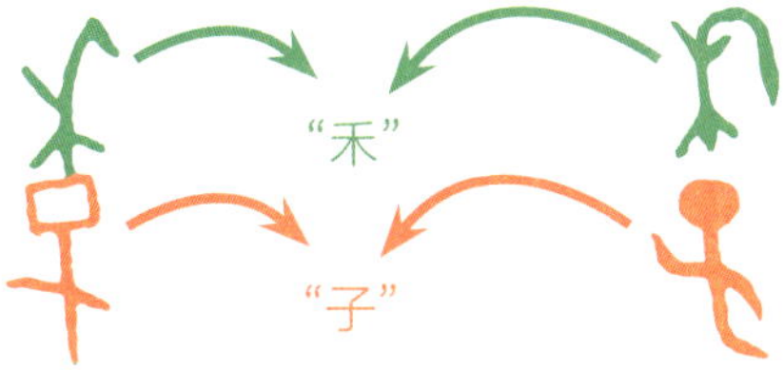

甲骨文　　　　　　金文

季

那么，这个字为什么从稚嫩的含义变成季节的含义了呢？

这个跳跃的确有些大，我们先从家中兄弟的排行说起吧。

古代的兄弟排行通常用四个字，但这四个字的头一个字有所不同，有的是“伯”，有的是“孟”，排出来或者是“伯、仲、叔、季”，或者是“孟、仲、叔、季”。此外，还有三个字的排行，即省掉了“叔”字，或是“伯、仲、季”，或是“孟、仲、季”。但无论怎么排，“季”都是最后一个。为什么？因为“季”的本义就是庄稼还没长大，所以代表幼小。

这三个字的排行还被应用到季节的表述当中。古人把一年十二个月分为四季：春、夏、秋、冬。每一季的三个月，正好可以借用兄弟排行来表示，春三月分别为孟春、仲春、季春，夏三月分别为孟夏、仲夏、季夏，秋三月分别为孟秋、仲秋、季秋，冬三月分别为孟冬、仲冬、季冬。每一季中，“季”所在的月都成为这一季结束的节点，因此，古代的四时又被称为四季，季节的概念也就慢慢被广泛使用了。

以谷子为例，春天的时候长出幼苗，经过农民的辛勤耕作，秋天的时候成熟，沉甸甸的谷穗低下了头。**低头是谷子成熟的象征，同样地，谦卑也是一个人成熟的象征。**

和树木相似，谷子也有根，有茎，有叶，不同的是，谷子成熟后，上面有垂下的谷穗。古人是如何用文字来描摹这种形态的呢？在“木”字上面加一道下垂的笔画，表示低头的谷穗。有了这一笔，“木”就变成了“禾”。

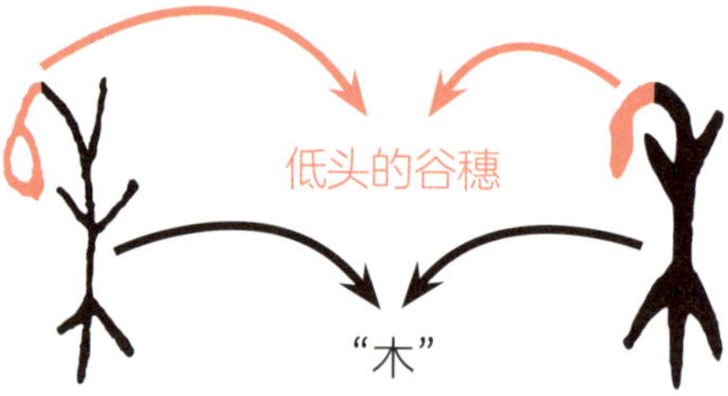

甲骨文　　　　金文

禾

“禾”狭义上单指谷子，广义上泛指所有庄稼。“禾”的字形来自成熟的谷物，但“禾”的含义不同寻常。为什么？因为它饱含着古人对大自然的无限感恩。

“禾”的成熟难道只依靠农民辛勤的汗水吗？当然不是。洪涝、干旱、冰雹、蝗虫等灾害，都会导致庄稼歉收甚至绝收。所以，只有各种条件齐备，才能保证收成，尤其是天与人和。

因为这个缘故，“禾”本身就有“和”的含义。

《说文解字》在解释“禾”时说：“嘉谷也。二月始生，八月而孰（熟），得时之中，故谓之禾。”在二月到八月这段时间，如果条件适宜，就会有好的收成。**人与天和、天与人和，是庄稼丰收的保障，这或许正是中国古代天人合一观念的主要来源之一。**

为此，天人和合的“和”字，必须有“禾”字的参与。但最初的“和”字不是“禾”与“口”的组合，而是“禾”与“龠”（yuè）的组合。

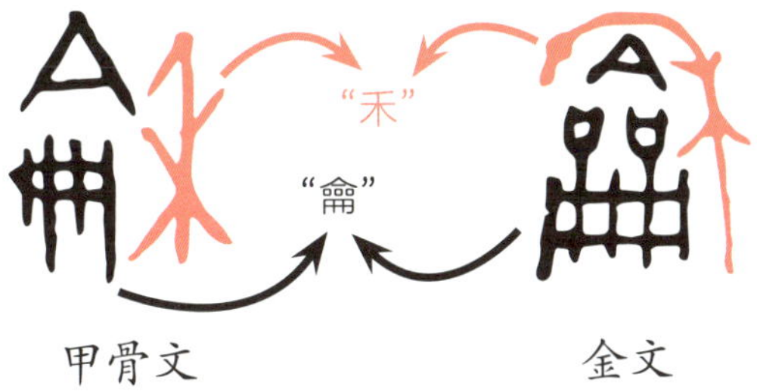

和（龢）

“龠”是古代的一种管乐器，它的作用是协调乐队的各种乐器，犹如交响乐的指挥。

“龠”是乐队“和”的关键，而“禾”的成长靠的是“和”，所以这两个字组合在一起，完美地体现出和谐的含义。

后来的“和”字，是“龢”的简化，而“龢”字由于它美好的意蕴，千百年来，还常常被用在人名当中。

谷物在结出饱满的谷穗之前，要抽穗、开花、授粉，然后才能灌浆、成熟。依照这个抽穗开花的过程，古人造出了“秀”字。

包山楚简“秀”

“秀”字由“禾”与“乃”构成，“乃”是乳房的象形，所以“秀”字象征谷物处在被“哺乳喂养”的状态。大自然就是谷物的母亲，阳光雨露就是母亲的乳汁，对应植物生长的阶段就是抽穗开花。

古字中本无“花”，“花”字来源于“华（華）”，而“華”字来源于“𠂹”（chuí）。“𠂹”字表示植物花叶下垂的样子，后来分化为“垂”和“華”两个字。

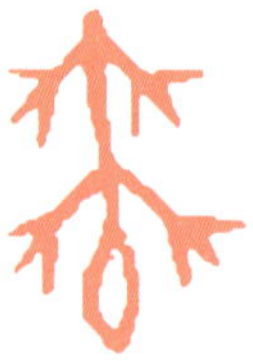

甲骨文“𠂹”

金文“华（華）”

在先秦两汉古籍中，表示花的意思时，用的都是“华”字，比如《诗经·周南·桃夭》：“桃之夭夭，灼灼其华。”魏晋时另造出“花”字，其本义是花朵，后引申指像花的东西、错杂的颜色等。

“花”字出现后，并没有马上取代“华”字，甚至到了唐代，“华”字还被广泛使用。如张九龄《感遇》诗：“兰叶春葳蕤（wēiruí），桂华秋皎洁。”其中，“桂华”即“桂花”。

许多成语也保留了“华”字“花”的义项，如华而不实、春华秋实、华发苍颜，等等。

先有“华”，后有“花”，它们是古今字的关系。

地里的谷物开花授粉，结出籽实，逐渐长成饱满的谷穗，然后带着一种虚怀若谷的谦逊，沉甸甸地垂下头来，静待收割。

这是庄稼一生中最为光彩的时刻。

古代没有照相技术，那就造一个有分量的“穆”字纪念这一时刻吧！

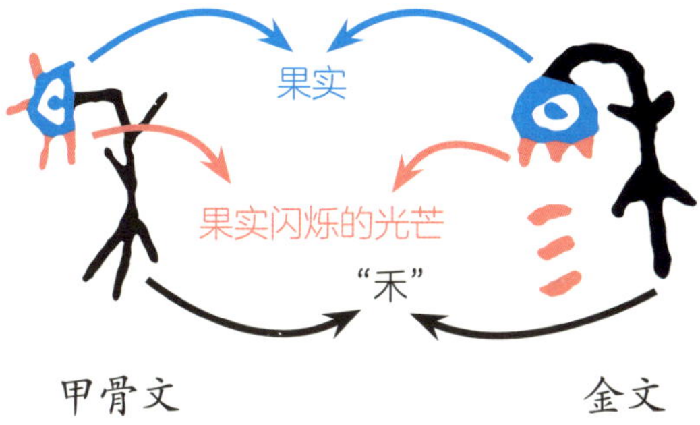

穆

其实，"穆"是"禾"的加强版，与"禾"相比，它对成熟果实的指向性更强。甲骨文的"穆"字是在果实上画出像闪光一样的线条，表示果实光芒闪烁。

所以，"穆"最早的含义为果实丰硕，引申为美盛，又引申为和谐、恭敬。

庄稼成熟，到了收获的季节，农民拿起镰刀开始收割，这就是“利”字描述的场景。“利”的字形从甲骨文起就由“禾”与“刀”组成，有的字形中还可以看到散落的碎屑或尘土。

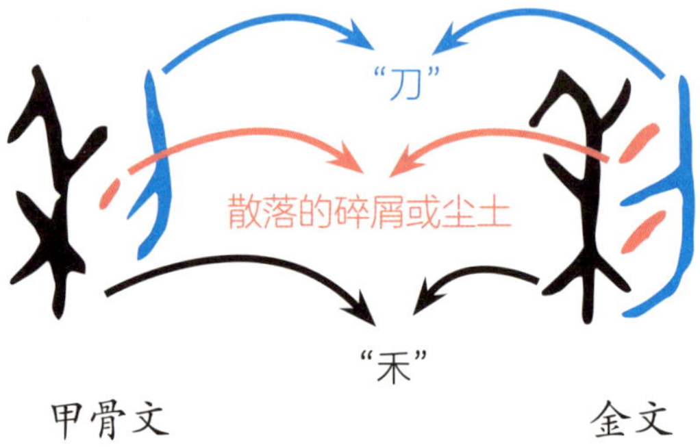

利

镰刀锋利时，收割速度会更快，所以“利”又指快速。刀具越锋利，用起来就越顺手，因此“利”又引申出平滑、顺利之义，进而引申指利益、利润等。

“利”在中国古代是一个有争议的字，《论语·子罕》一开篇就说：“子罕言利。”意思是说，孔子很少谈到利。《孟子》开篇也对梁惠王一开口就谈利做了毫不留情的批评。为什么？因为一个只以利益为驱动的社会会把人引向歧途。眼中只有利益，就会忘记对于人类而言，道德的规则更为重要。

庄稼成熟了，如果是在自己辛勤耕作的农田里收割，那么所得的利是美好的；如果是到别人的农田里去收割庄稼据为己有，那么所得的利就是丑恶的、不符合道义的。所以，义在利之先。

不过，从造字的角度看，“利”的甲骨文字形中的“刀”其实也可以理解为“耒”（lěi）的象形，后来又常常被写作“力”。“禾”与“力”组合在一起，意谓通过自己辛勤的劳作才会有收获，这样的“利”才是美好的。

将收获的庄稼拿在自己手里就是“秉”，其字形便是手持一禾的象形。

手中的收获来自大自然的馈赠与自身的努力，所以有一个词叫作“秉赋”（后写作“禀赋”），指人的体魄、智力等方面的素质。

每个人的禀赋都离不开大自然的馈赠与自身的付出，所以我们既要感恩，又要努力。

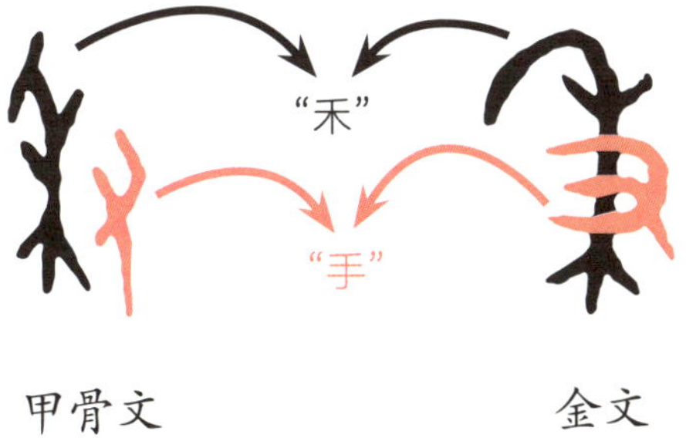

秉

手持一禾是“秉”，那持两禾又是什么字呢？

是“兼”。

“兼”字告诉我们，付出双倍的努力，就能获得大自然双倍的回馈，也就有了双倍的收获。

所以，不要羡慕别人的收获，只要自己努力了，自然有回报。

金文“兼”

收获的庄稼要背回家去。

一个人背着沉甸甸的庄稼往回走，这是什么字？

对，这就是本章的主题——“年”。

“年”最初的字形是上面一棵禾谷，下面一个人，会意一个人把成熟的庄稼背回去。

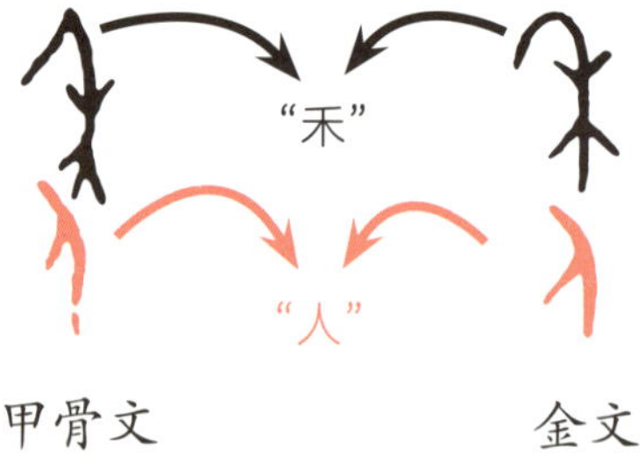

年

“春种一粒粟，秋收万颗子”，从春天开始耕种，到秋天把庄稼背回去，是农民心目中的一个轮回，古人把这个轮回称作“年”。

知道了“年”的来历，我们也就理解了为什么古人经常用春秋指代“年”。前面已经讲过，“春”字象征了种芽萌生的时节，那么，“秋”的造字又有什么寓意呢？

甲骨文的“秋（穐）”有两种字形。一种字形是看起来像龟的虫子，但与龟不同的是，这只虫子的头上有须角，后背有羽翅，所以应该是会飞的昆虫。另一种字形是在这只虫子下面加一个“火”。

这只虫子到底是什么呢？有人说是蝗虫，尤其是有“火”的字形，会意以火驱蝗，目的是保证秋天的收成。有人说是蟋蟀，因为一入秋，我们就可以听见蟋蟀的鸣叫。古人造字，最擅长抓住这个字的特征，蟋蟀开始鸣叫，的确是入秋的一个标志性特征，所以这只虫子应该是蟋蟀。

由于与农耕发生了关系，后来古人索性再把“禾”字加进去，变成了。这个字写起来太麻烦，于是省略了虫子，只留下了“禾”和“火”，这就是我们今天见到的“秋”字。

甲骨文　　籀（zhòu）文　　篆书

秋（穐）

农耕文明初期的中国人最注重春秋的轮回，所以把春秋的更替当作一年。后来随着历法的完善，四季的概念逐渐形成，一年变成了春夏秋冬的轮回。

与“春”“秋”不同，甲骨文和早期金文中没有现在的“夏”字，但有人认为一个人顶着太阳的字形应该就是表示夏天的“夏”字。

而《说文解字》解释“夏”时说：“夏，中国之人也。”并没有涉及季节。从春秋战国时期的早期字形看，“夏”字似乎就是描绘了一个身形完整的人，上面是头，中间为双手，下面有脚。

甲骨文　　　　　　金文

夏

中国亦称华夏。古人说：“中国有礼仪之大，故称夏；有服章之美，谓之华。”这里所说的“大”，指的是礼仪制度的完备。

不管怎么说，今天的“夏”有两个含义：一是华夏的“夏”，二是夏季的“夏”。这两个含义，都已经沉淀在我们这个农耕民族的血液里。

冬季的到来，意味着一年的结束。

“冬”是“终”的本字，甲骨文、金文字形都是丝线两头打结的样子，表示丝线到此完结。《说文解字》中说：“冬，四时尽也。”即一年四个季节到此终了。而春秋战国时期的“冬”字，中间还有一个“日”字，表达出了更强的时间概念。篆书字形又在下面增加了冰裂纹状的“仌”（bīng），表示冬天的寒冷。

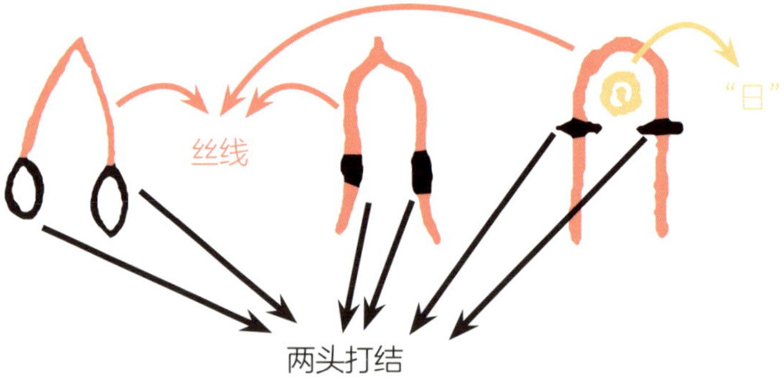

甲骨文　　　　金文

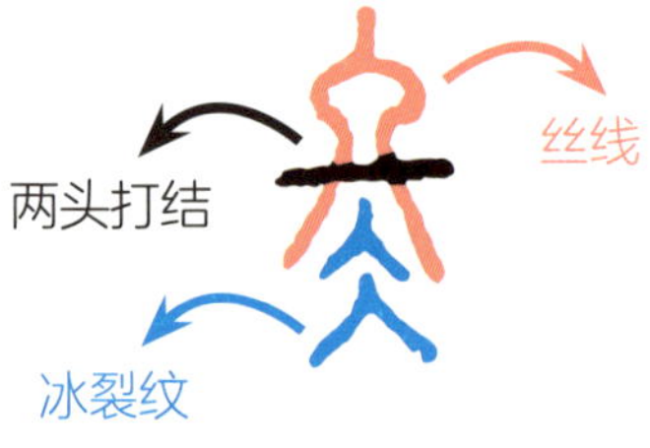

篆书

冬

有了四季的概念，一年的终结定位于冬季，过年的庆贺活动，也由秋天收获的时节，推移到冬去春来的时节，而过年的心情也从收获的喜悦变成对未来的期望。因此，除旧布新成了更重要的主题。

不过，对于农耕民族来说，即使出现了这样的转变，秋天收获时节的忙碌仍然是一年当中最让人享受的——**沉甸甸的谷子背在背上，心中满是浓浓的幸福。**

把谷子从田间背回家多是男人的事。“男”字就是由一个“田”和一个“力”组成，“力”是耕田工具耒耜（sì）的象形，所以“男”字会意在田间耕作的人。

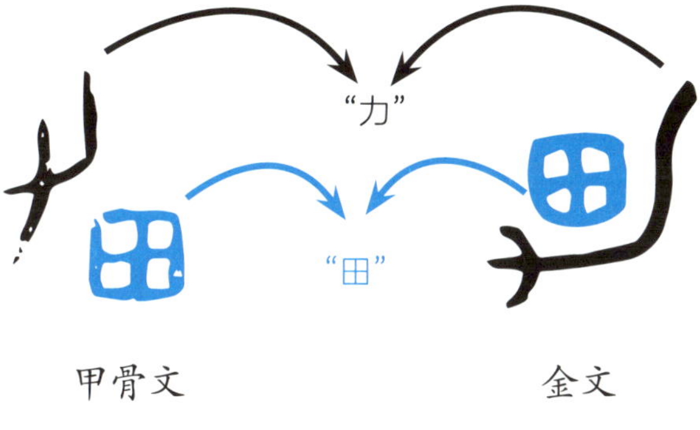

男

女人负责整理男人背回来的庄稼。甲骨文的“委”，是“禾”和“女”的组合，形象地说明了女人在秋收时做的工作，就是将庄稼打成捆、垛成垛。

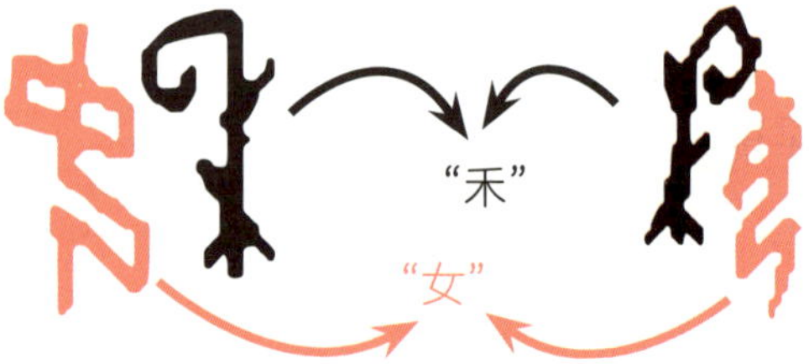

甲骨文“委”

打成捆、垛成垛的庄稼，经过脱粒、打场等工序，最终变成了我们熟悉的粮食。加工好的粮食需要储藏起来，作为下一个收获季到来之前人们的食物。

那么粮食储藏到哪里呢？古人造了这样三个相关的字：合、仓（倉）、会（會）。

“合”是有盖的容器，可以用来盛放各种物品，少量的粮食也可以用它来储藏。“合”在古代也是一种称量粮食的量器，同时是比“升”低一级的计量单位，十合为一升。

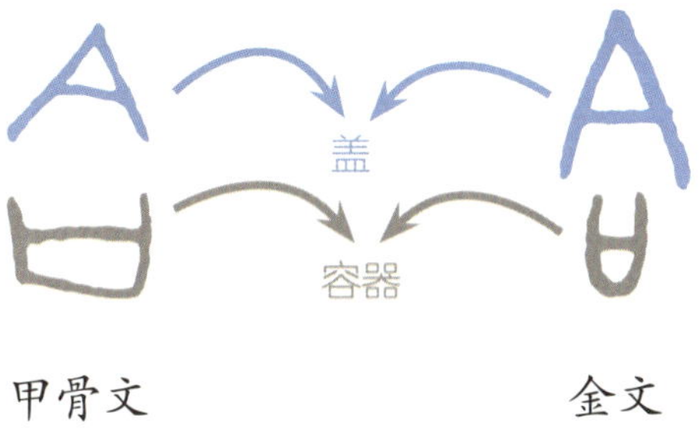

合

“合”毕竟太小，大量的粮食需要更大的储藏空间，于是就有了粮仓。为了进出方便与存储安全，粮仓会辟一个门，所以，古人在造“仓（倉）”字时，就在“合”字中间加了一个“户”字，表示“仓”是形状像“合”的带门的建筑。

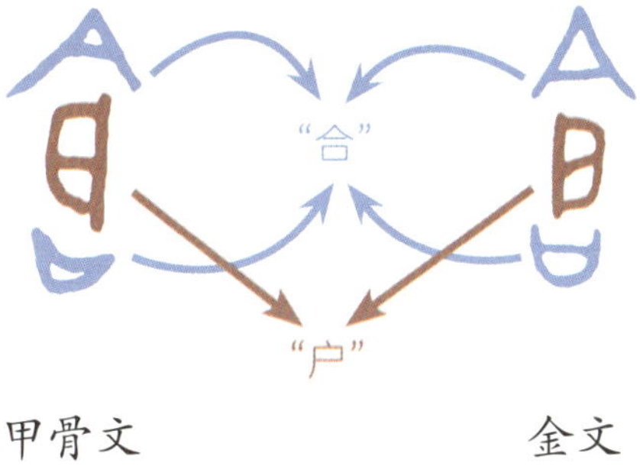

仓（倉）

粮仓里的粮食并不是散乱地直接堆进去的，而是用口袋装着，码放得整整齐齐。于是，古人用“会（會）”字描摹粮仓里的场景。**原来，最早凑在一起“开会”的不是人，而是粮食啊！**

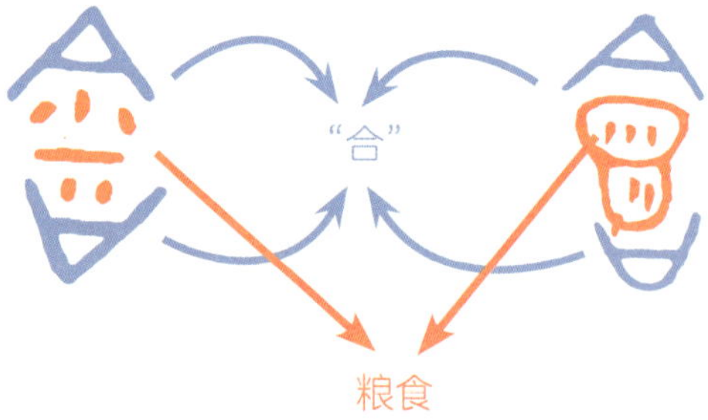

金文“会（會）”

在离农田比较近的郊外，还有一种储藏粮食的建筑，叫作“啬（嗇）”（sè）。“啬”比“仓”的体积大，构造也更复杂一些。古人在造“啬”字时，不仅凸显了它结构复杂的特点，而且在其上面画了一棵麦子，以表示这是储藏粮食的地方。

由此，“啬”引申出收敛的含义，这是“吝啬”一词的源头。“啬”字被借走之后，在表示储藏粮食的含义时，人们在原字形的基础上加上“禾”字旁，变成稼穑的“穑”（sè）。

“稼穑”如果分开讲，“稼”指的是庄稼的播种与管理，“穑”指的是庄稼的收获与储藏。种的庄稼最后总要归仓，所以有稼又有穑，庄稼一生的轮回才算完整。

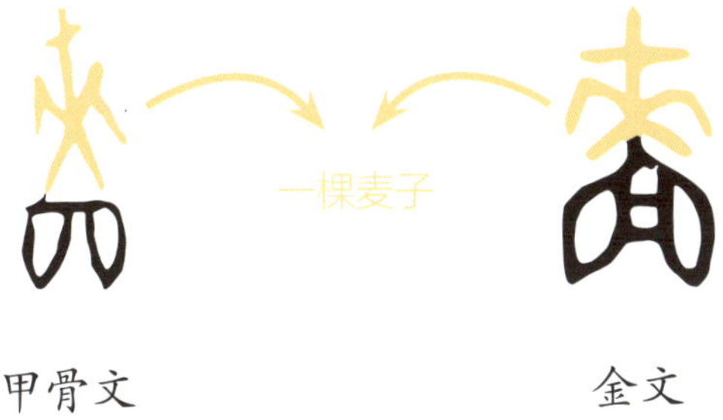

啬（嗇）

说起“啬”字上面的那棵麦子，也非常有趣。为什么？因为它分明是“来（來）”字。

“来”是在“禾”字上加上芒刺，显然是麦子的象形。《说文解字》解释说，因为周人始祖后稷的功德，上天赐予周人“来麰（móu）”这样的瑞麦。由于这种瑞麦自上天而来，所以被称作“来”。

麦子的象形字被借去当作“来去”的“来”之后，麦子自己怎么办呢？古人干脆在原字形下面加上一只倒置的脚“夂”，造出“麦（麥）”字。

所以，“来”字没有脚，“麦”字反而有脚。

甲骨文　　金文

来（來）

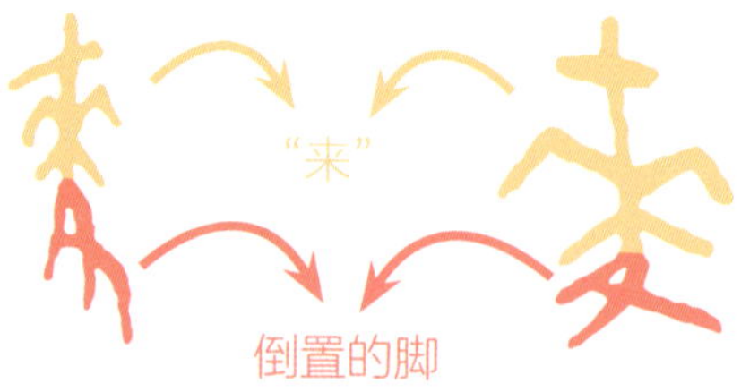

甲骨文　　金文

麦（麥）

有“禾”有“麦”，古人是不是可以满足了呢？

粮食作物的多元化，古人是不会拒绝的，所以中国古代有五谷或六谷之说。当然，无论是五谷还是六谷，都既可以泛指粮食作物，也可以细分具体种类。比如《三字经》中有一种大家都熟悉的六谷分类：稻粱菽（shū），麦黍稷。

“稻”一般指水稻，脱粒以后就是我们日常食用的大米。

“稻”的造字突出了将稻谷加工为稻米的过程。甲骨文字形是上面一个“米”字，下面一个容器，这个容器应该就是舂（chōng）米的臼（jiù）。而金文字形则是将舂好的米从臼中取出，再加一个“禾”或者“米”，表示舂的是粮食，后来就以从“禾”者为正字。

稻

农田里的谷物，都要在加工成米的形态之后才可以成为食物。“米”字应源于加工粮食中的一个重要环节——过筛。以其甲骨文字形为例，中间的横杠或斜杠象征筛子，上下方的长点儿象征过筛中的粮食。

米

“粱”通常指粮食中的精品，比如古人常说的黄粱，可能就是指一种优质的小米。唐代孟郊在《出门行二首》中写道：“君今得意厌粱肉，岂复念我贫贱时。”在这里，孟郊就用“粱肉”泛指美味佳肴。

“粱”的金文字形或者是“刅”（chuàng）和“米”的组合，或者是“刅”和“水”的组合，或者是“刅”（chuāng）和“水”“米”的组合。

金文“粱”

“菽”是形声字，指的就是今天的豆子。

“黍”是加强版的“禾”，指一种有黏性的大黄米。古代的黍有两个特点：一是黍穗更加松散醒目；二是黍米更具香味，而且更适合酿酒。古人在造字时注意到这两个特点，其甲骨文字形首先突出了下垂的穗子，植株周围的点儿既可以理解为穗花，也可以理解为香气，有的字形还兼有“水”的字符，或许与酿酒有关。

“黍”煮熟以后香气扑鼻，所以“香”的造字也与“黍”字有关。从早期字形来看，“香”最初是指黍米的香气，或指由黍米酿的酒发出的香气。甲骨文中，“香”有“黍”与“口”构成的字形，也有“来（麦）”与“甘”构成的字形，但以前者为正字，表达的是黍的香气，篆书字形则是“黍”和“甘”的组合。

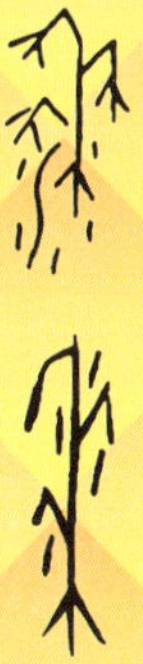

甲骨文“黍”

香

“稷”在古代被奉为五谷之长，可以代表所有的农作物，但如果单指一种作物，很可能是指“粟”。

“稷”字最初或许是祭祀农神的官名，后来也成为农神之名。周人的祖先弃，因为传说有教民稼穑的贡献，所以被称作后稷，并在历史的长河之中，逐渐演变为华夏民族的农神。

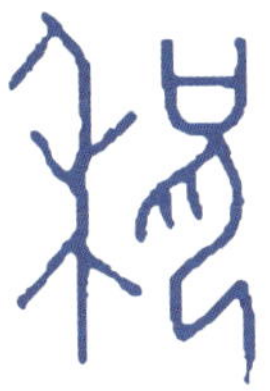

甲骨文

金文

稷

通过对六谷字形的回顾，我们可以看出，古人对六谷的划分是模糊不清的，其实把六谷看作农作物的泛称更妥当。如果单讲字形，那么有四种作物所指还是比较明确的，即禾、稻、黍、麦。禾是小米类作物，稻是稻米类作物，黍是黄黏米，麦是小麦。

除了粮食之外，古人还有一个食物来源——树上的果子。

树在古代被称作“木”，因此，“木”的字形就像一棵省略树叶的树——中间是树干，上面是树枝，下面是树根。

甲骨文

金文

木

在树根上点一个点或者画一道横，就是“本”字，意为树根；在树枝上点一个点或者画一道横，就是“末”字，意为树梢。

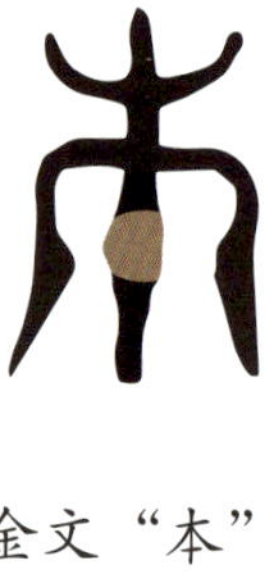

金文“本”

金文“末”

早期“果”的字形经历了从一树多果到一果多籽的演变过程。一树多果，像栗子；一果多籽，像石榴。后来，一果多籽的字形成为今天“果”字的祖型。

果

果子成熟后，伸手将它摘下来，这是什么字?

是“采”字。一棵树上结有果实，果实上有一只手，这就像是一幅采摘图。

还有一种字形，省略树上的果实，只剩下树及上面的手。我们今天所写的“采”字，就是这种写法的变形。

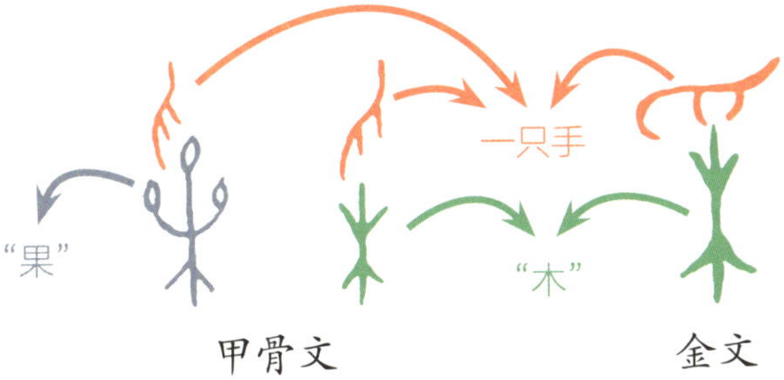

采

采摘树上的果实，除了用手采，还可以用长杆打，比如打枣。表示这个场景的是什么字？

是“枚”字。它的甲骨文和金文字形都是以手持杆，打树上的果实。打下来的果实需要收集起来，而收集时又需要清点，所以“枚”又引申指“数”这一动作，并进一步演变为一个量词。

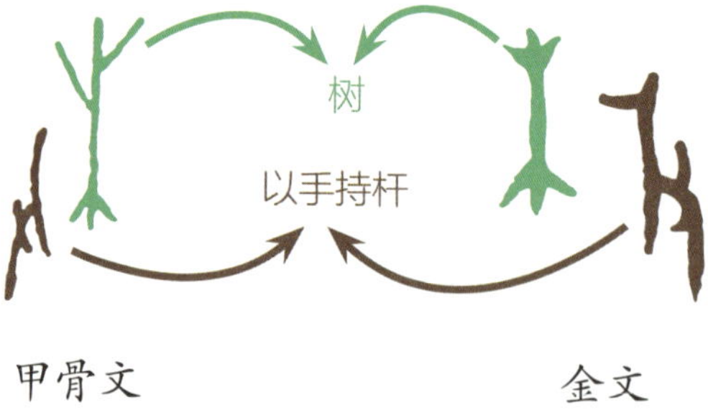

枚

树有野生的，也有人工种植的。

表示把树栽种到土里这一含义的字，甲骨文字形是一个人扶着一棵树，金文字形更完整，是一个人扶着一棵树往土里栽，这就是“埶”。这个字后来繁化为“藝”，现在的简化字写作“艺”。

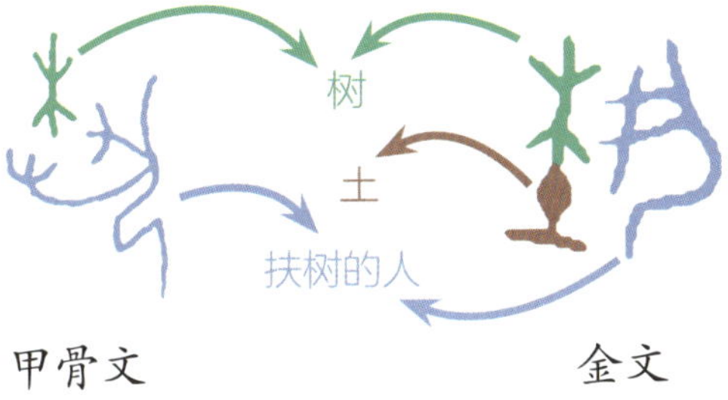

艺（藝）

其实，“艺”在古代不仅指种树，也可指种庄稼，后来进一步引申指才艺。**我们常说艺术来源于生活，从造字上看，原来最早的“艺术家”就是田间劳作的农民啊！**

中华五千多年文明史，也是一部农耕文明史。

因为庄稼的播种和生长具有极强的节律性，所以中国古代农民看天耕作。在一代又一代人的劳动实践中，农民成为最早的“天文学家”，历法也由此产生。中国人很早就创制了两种历法：根据月亮的变化规律创制了太阴历，根据太阳的变化规律创制了太阳历，分别简称阴历和阳历。二十四节气就是阳历，对应的是农耕时节。

日出而作，日入而息。在这片古老的土地上，中国人播种庄稼，播种文明，把自然的力量变成自己的力量，将自己的力量汇入自然的力量，由此成就的自然是我、我是自然的天人合一的伟大思想，至今仍在照耀着人类的前进方向。

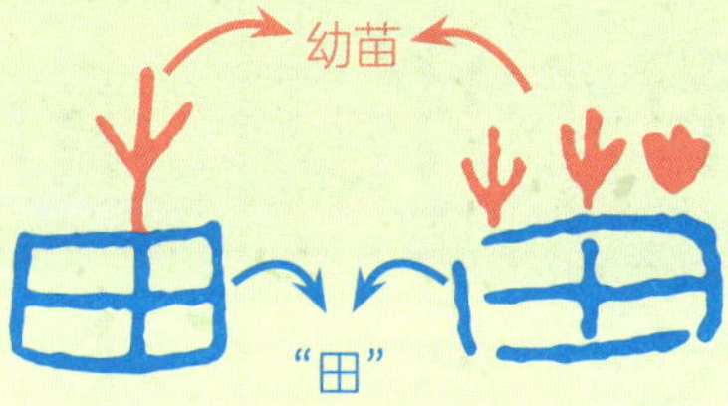

甫　　　　　　苗

写一个"田"字，上面有一棵幼苗的是"甫"字，有两三棵幼苗的是"苗"字

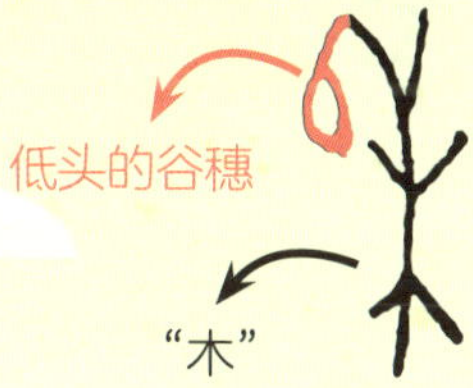

禾

低头是谷子成熟的象征，同样地，谦卑也是一个人成熟的象征

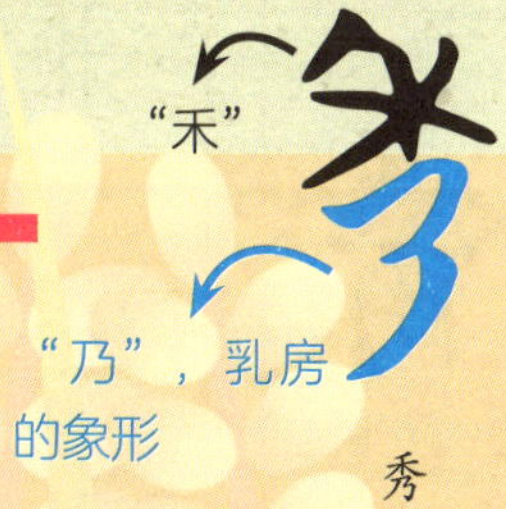

秀

大自然就是谷物的母亲，阳光雨露就是母亲的乳汁，"秀"对应植物生长的阶段就是抽穗开花

颗粒归仓

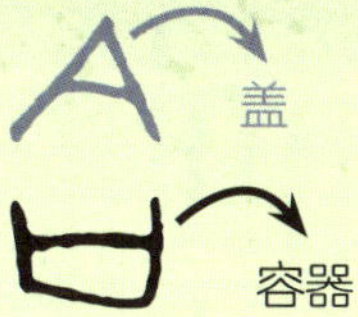

合

少量的粮食可以用"合"这种形态的容器来储藏

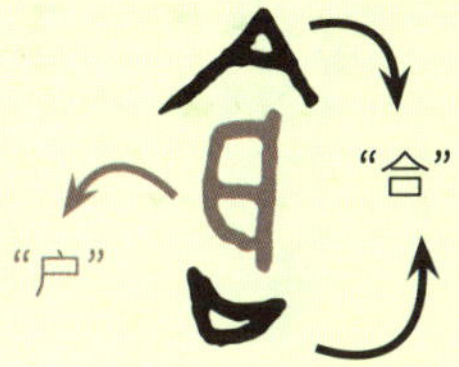

仓（倉）

大量的粮食需要更大的储藏空间，这就是粮仓

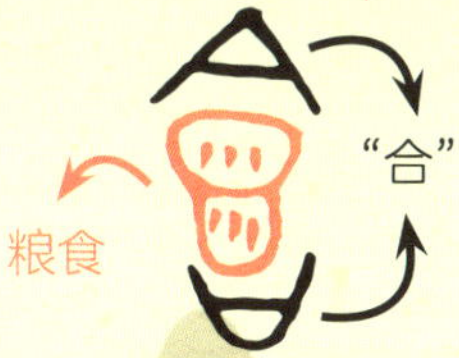

会（會）

打开粮仓的门，你可以看到码放得整整齐齐的粮食口袋。原来，最早凑在一起"开会"的不是人，而是粮食啊

啬（嗇）

"啬"比"仓"的体积大，构造也更复杂一些

"啬"也是"穑"的本字，指庄稼的收获与储藏。种的庄稼最后总要归仓，所以，有稼又有穑，庄稼一生的轮回才算完整。

甲	甲骨文	金文	篆书	隶书	楷书
氏	甲骨文	金文	篆书	隶书	楷书
才	甲骨文	金文	篆书	隶书	楷书
在	甲骨文	金文	篆书	隶书	楷书
屯	甲骨文	金文	篆书	隶书	楷书
春（萅）	甲骨文	金文	篆书	隶书	楷书
生	甲骨文	金文	篆书	隶书	楷书
姓	甲骨文	金文	篆书	隶书	楷书
屮	甲骨文	金文	篆书	隶书	
艸	战国文字	篆书	隶书	楷书	
甫	甲骨文	金文	篆书	隶书	楷书
苗	甲骨文	篆书	隶书	楷书	

季	甲骨
禾	甲骨
和（龢）	甲骨
秀	篆书
垂（𠂹）	甲骨
华（華）	甲骨
穆	甲骨
利	甲骨
秉	甲骨
兼	金文
年	甲骨
秋（龝）	甲骨

金文	篆书	季 隶书	季 楷书
金文	篆书	禾 隶书	禾 楷书
金文	篆书	龢 隶书	和 楷书
秀 隶书	秀 楷书		
篆书	隶书	垂 楷书	
金文	篆书	華 隶书	華 楷书
金文	篆书	穆 隶书	穆 楷书
金文	篆书	利 隶书	利 楷书
金文	篆书	秉 隶书	秉 楷书
篆书	兼 隶书	兼 楷书	
金文	篆书	年 隶书	年 楷书
籀文	篆书	秋 隶书	秋 楷书

夏	甲骨文	金文	篆书
冬	甲骨文	金文	篆书
男	甲骨文	金文	篆书
委	甲骨文	战国简	篆书
合	甲骨文	金文	篆书
仓（倉）	甲骨文	金文	篆书
会（會）	甲骨文	金文	篆书
啬（嗇）	甲骨文	金文	篆书
来（來）	甲骨文	金文	篆书
麦（麥）	甲骨文	金文	篆书
稻	甲骨文	金文	篆书
米	甲骨文	金文	篆书

夏 隶书	夏 楷书
冬 隶书	冬 楷书
男 隶书	男 楷书
委 隶书	委 楷书
合 隶书	合 楷书
倉 隶书	倉 楷书
會 隶书	會 楷书
畜 隶书	畜 楷书
來 隶书	來 楷书
麦 隶书	麦 楷书
稻 隶书	稻 楷书
米 隶书	米 楷书

粱	金文	篆书	隶书	楷书	
黍	甲骨文	金文	篆书	隶书	楷书
香	甲骨文	金文	篆书	隶书	楷书
稷	甲骨文	金文	篆书	隶书	楷书
本	金文	篆书	隶书	楷书	
末	金文	篆书	隶书	楷书	
果	甲骨文	金文	篆书	隶书	楷书
采	甲骨文	金文	篆书	隶书	楷书
枚	甲骨文	金文	篆书	隶书	楷书
艺（藝）	甲骨文	金文	篆书	隶书	楷书

5

亲密的伙伴

中国古人把动物称为“虫”，虫分五类：鳞虫、羽虫、甲虫、毛虫和倮（luǒ）虫。

有鳞片的鱼、蛇是鳞虫，有羽翼的鸟雀是羽虫，背着甲壳的乌龟是甲虫，浑身有毛的猴子、老虎是毛虫。那么，倮虫是什么虫？

倮虫就是裸虫，没有鳞片，没有羽翼，没有甲壳，也没有毛。人就是这种动物。

人与其他动物一样，同是五虫之一；人又与其他动物不同，人是万物之灵。

人类与其他动物一样，在地球上维持生命、繁衍后代，即使走出丛林，迈入文明，人类也从来没有从五虫当中脱离出来。**地球的过去、现在和将来，都是一个五虫共舞的世界，但人类作为万物之灵，需要承担更多的责任。**

那么，中国古人在造字的时候，是如何受到动物启发的呢？

古人在思考“我从哪里来”的时候，想到了两条鱼的一场意外相遇。

两条鱼相向游来，碰撞到一起，就像一道闪电划破沉寂的夜空，我们的万象世界诞生了！

古人画出两条相向游来的鱼，造出了“冓”（gòu）字。

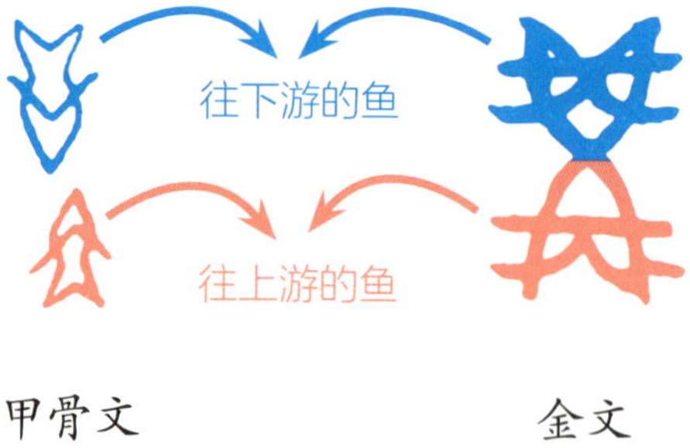

冓

“冓”的初始含义是“遘”（gòu），也就是相遇。

后来，人们把这两条相遇的鱼，画成了象征引发万物生成的阴阳鱼。

一条黑鱼，一条白鱼，一正一倒，咬合在一起，你中有我，我中有你，组成一个闭合的圆。圆是道的运行，鱼象征阴阳两仪，这个无限简洁的创意，蕴藏了古老的东方智慧。

在后世，鱼还作为一种文化符号，被寄寓了许多吉祥内涵，这些吉祥的寓意来自“鱼”的谐音“余”，意为有余，这与鱼多子的特性有关。因此，鱼的图案经常出现在年画、剪纸等民俗作品当中，“年年有余（鱼）”也成为常见的吉祥用语。

从洪荒远古到文明时期，从形而上的道到形而下的民俗，鱼的符号被寄寓了深厚的文化意蕴。因此，鱼一直悠游于人间，须臾不曾离开。

当万象世界诞生，当生命出现，当人类跨入文明时代，一部宏大的物种进化与文明发展史，便从远古的蛇蜕中缓缓抽剥而出，蜿蜒而来。

“蛇”的本字是“它”，“它”的早期字形就是一条蛇或虫的象形。那么，古人如何区别“它”与“虫”呢？

一个虫形字符是“它”，多个虫形字符叠加在一起就是“虫（蟲）”。

甲骨文　　金文

它（蛇）

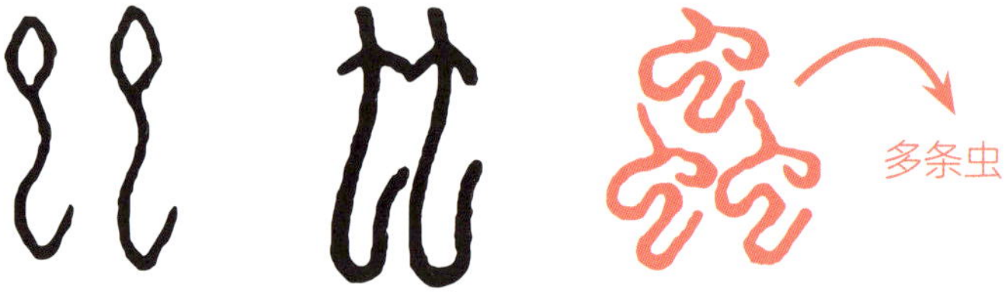

甲骨文　　金文　　篆书

虫（蟲）

“它”在甲骨文中的本义为蛇，常常引申指祸患。

《说文解字》中说：“上古艸居患它，故相问无它乎？”意思是说，上古先民居住地周围草木丛生，常有虫蛇出没，人多受其害，所以大家相见时的问候语常常是：“没有遇到蛇吧？”

后来，“它”字被借走当作代词，古人在“它”的基础上加了一个“虫”字旁，专指蛇。

蛇有一个特殊的文化内涵，那就是生殖及其引申出的“肇始”义。

巧合的是，西方《圣经》中那条出现于伊甸园的蛇，虽然作为反面角色出场，但其实也具有创世的意义。因为自亚当和夏娃吃了善恶树上的禁果起，就有了善恶的分别，这就是从人的意识的角度，把一的世界分擘（bò）为二，“一生二，二生三，三生万物”，人意识中的世界从此开始呈现。

两条鱼的相遇，象征着“一生二”的时间节点，而“蛇”的意象则可以用来象征生命世界的苏醒。春二月，一声惊雷，蛰伏的蛇从冬眠中惊醒，万物也都从沉睡中苏醒过来，开启了新一轮生命图景。

既然这条引领万物复苏的蛇不同寻常，那么它就有被神化的必要。于是，在古人的想象之下，龙诞生了。

恰恰就是这一想象中的动物，自古至今，最为中国人所钟爱。可以说，这既是一种奇怪的文化现象，同时又印证了华夏民族的文化特性。

关于龙，我们就从《周易》对天象的模拟开始说起吧！

《周易》乾卦，几乎是在描述龙从出现到隐没的全过程，只不过这条龙在天上，是一组庞大的星群。

那么，乾卦爻辞是如何与龙在天空中的位置亦即季节变化相对应的呢？

初九爻对应的时段是从冬至到惊蛰，这段时间虽然阳气在不断上升，但是我们的体感还是以寒冷为主。此时，整条龙潜伏在地平线之下，所以称作“潜龙勿用”。

过了惊蛰，龙角会在黄昏之后慢慢出现于东方，这就是民间所谓的二月二“龙抬头”，对应的是九二爻中的“见龙在田”。

九五爻是乾卦的主爻，主爻辞是“飞龙在天”，意思是这条巨龙完全显现于南天正中，对应的时节恰好是端午节，所以端午节就来源于中国古人对南天正中这条巨龙的祭祀。

乾卦 ䷀

上九：亢龙有悔。

九五：飞龙在天，利见大人。

九四：或跃在渊，无咎。

九三：君子终日乾乾，夕惕若，厉，无咎。

九二：见龙在田，利见大人。

初九：潜龙勿用。

龙生发于蛇，但又与蛇不同，那么，古人如何来表示这种不同呢？古人想到龙是鳞虫之长，要给它戴上王冠，于是，“龙（龍）”字被造了出来。

从早期字形来看，龙具备三个特点：头上有一个非常突出的冠；头部夸张，嘴巴张得很大；身体像蛇一样弯曲。

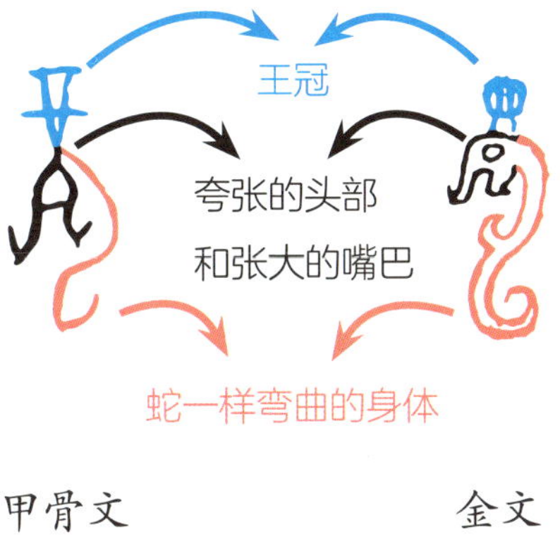

龙（龍）

我们常说，中国人是龙的传人。既然把自己当作龙的传人，我们的人文始祖伏羲、女娲的形象就应该有龙的影子。

至晚到汉代，人们已经普遍认为，伏羲、女娲的形象是人首蛇身。龙脱胎于蛇，所以，伏羲、女娲的这一形象意味着他们是人中之龙。

甲骨文“身”

甲骨文“包”

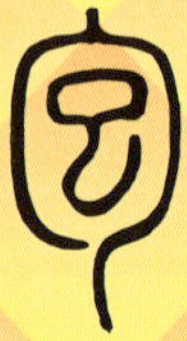

篆书“包”

甲骨文“羲”

金文“羲”

中国古人之所以将伏羲、女娲视为人首蛇身，是有着深层次的文化心理因素的。

首先，伏羲、女娲处在蒙昧与文明更迭的边缘，换句话说，他们正处在从动物到人的蜕变过程当中，而蛇恰是一种典型的蜕变动物，所以，中国古人选择人首蛇身这一形象，更容易表达出这一层潜意识。

其次，古人试图利用人对野生动物的恐惧心理，营造神秘氛围，激发人的敬畏心，所以把先祖的形象想象成人与动物的合体，以此表达崇拜之情。

“伏羲”的名字，在文献当中的写法很多，比如“包羲”“包牺”等。

“包”是“胞”的本字。“包”的篆书字形是一个人腹中有一个胎儿，甲骨文当中有一个类似的字形，或许也是“包”字。这个“包”字与“身”字不同，腹中的胎儿会更明显一些，甚至能清晰看到胎儿与母体相连的胎盘。由此，“包羲”的“包”，似乎也代表了人类文明的胎盘。

“羲”是“曦”的本字，所以“包”和“羲”合起来，表示的就是孕育文明之光。

包羲是男性的人文始祖，按照中国古人阴阳相配的思维方式，同时应该有一个女性的人文始祖，于是女娲诞生了。

一天，女娲走在茫茫旷野，放眼望去，唯见天空星辰寥落、大地峰峦兀立，自己的脚步声悠悠回荡，越发衬托出周遭的空寂。

女娲再也无法忍受这种寂寞，觉得自己应该做些什么。于是她挖来黄泥，捏塑出一些没有鳞片、甲壳、羽翼、绒毛但可以直立行走的动物。

人由此诞生。

一个个地捏累了，女娲就用草绳蘸上泥浆甩出去，甩落的泥点竟然同样也变成了可以直立行走的人。

人们唱歌跳舞、辛勤劳作，生活得有滋有味。看着这些充满活力的子孙，女娲的寂寞烟消云散，脸上洋溢出幸福的笑容。

不过，人类世界也不会一直祥和安乐，为了争夺帝位，共工与颛顼（Zhuānxū）之间爆发了战争。打了败仗的共工一怒之下，撞断了不周山上的天柱，致使天塌地陷，人类世界陷入一片混乱。

为了拯救人世，女娲炼出了三万六千五百零一块五色彩石，补全苍天，又借来巨鳌的四只脚，撑住苍天，天地之间的秩序才又重新建立起来。

女娲完成这些工作后，回身发现还剩下一块彩石，便把它扔到了大荒山无稽崖的青埂峰下。不知过了几千年还是几万年，一僧一道途经此地，把这块石头带到人间，托化为《红楼梦》中的主人公贾宝玉。

与世界其他民族一样，中国古人把伏羲、女娲视为自己的祖先，也是来自远古时期的图腾崇拜。

中华民族自古以来就不是一个单一民族，而是经历了不同部落、不同民族的不断交融，龙的形象也体现了这一融合过程。

龙在蛇的基础上集合了许多原始部落的图腾。除了蛇之外，《尔雅翼》还列举了鹿、驼、鬼、蜃、鱼、鹰、虎、牛等，有人认为还应该包括鳄鱼、蜥蜴、猪、熊、马等动物。于是，一条龙，铸就了中华民族海纳百川的包容性格。

后来，上古图腾中的部分动物被纳入十二生肖，与十二地支一一相配。

在这十二种动物中，牛、羊、犬、豕（shǐ）、鸡、马是经过人类驯化的，中国人习惯把它们称作“六畜”。

子	丑	寅	卯	辰	巳	午	未	申	酉	戌	亥
鼠	牛	虎	兔	龙	蛇	马	羊	猴	鸡	狗	猪

牛、羊是食草动物，最初的饲养方式是放牧。

在现实生活中，牛、羊体型大小不同，很容易分辨，但造字时就需要抓住牛羊一望可知的特征。

古人最不缺乏的就是观察能力，他们用画牛头和羊头的方法来区别这两个字。“牛”字是一个牛头的形象，“羊”字是一个羊头的形象，也有的“羊”字画出了羊的完整形象。

金文“牛”

金文“羊”

不过，甲骨文是线条文字，不论是画牛头还是羊头，都很麻烦。所以，古人抓住牛角和羊角的特征进行造字。

牛角与羊角有什么不同呢？牛角内收，羊角外翻。

于是，古人就把字形的上半部分画成犄角的样子，只不过一个往里收，一个往外撇。如此一来，哪个是“牛”字，哪个是“羊”字，就一目了然了。

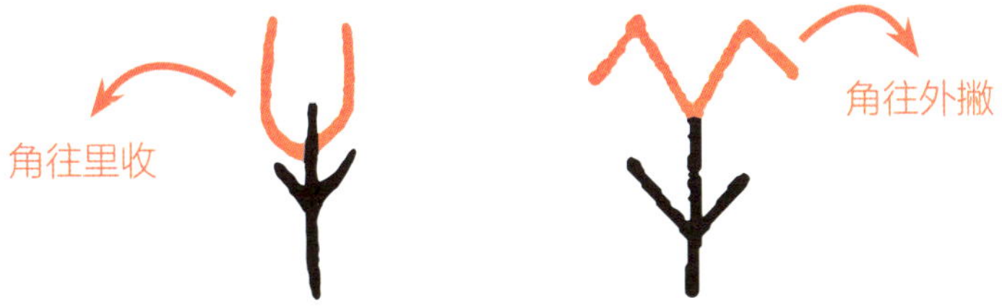

甲骨文“牛”　　甲骨文“羊”

牛体型硕大、勤于劳作，在中国古人的生产生活中扮演着重要角色，这一点也反映在造字组词上。从具体字词看，牛从代表六畜，到代表所有动物，最后到代表世间万物，对应的字词分别是“牲”、“牝牡”（pìnmǔ）和“物”。

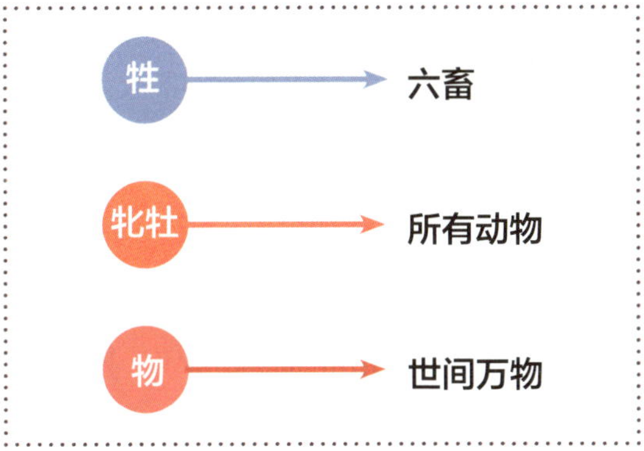

“牲”是形声字，“牛”为形旁，“生”为声旁，但“牲”同样可以被视作会意字，就是活着的牛。而在实际应用当中，“牲”泛指人类驯化的所有动物，比如牲畜、牲口。

金文“牲”

“牝牡”中的“牝”代表动物中的雌性，“牡”代表动物中的雄性。

“牝”中的“匕”，早期是一个反向的“人”。古人认为男女相反，所以，用反向的“人”字来表示女性或雌性。

在“牝”的甲骨文中，“匕”的旁边并不是只有牛，也有用到羊、豕、犬、虎、鹿等动物的情况，那么为什么在篆书之后，“牝”字固定为左“牛”右“匕”的结构呢？一是因为在农耕时代，牛对于古人来说更重要；二是因为牛体型庞大，且在日常生活中更为常见。

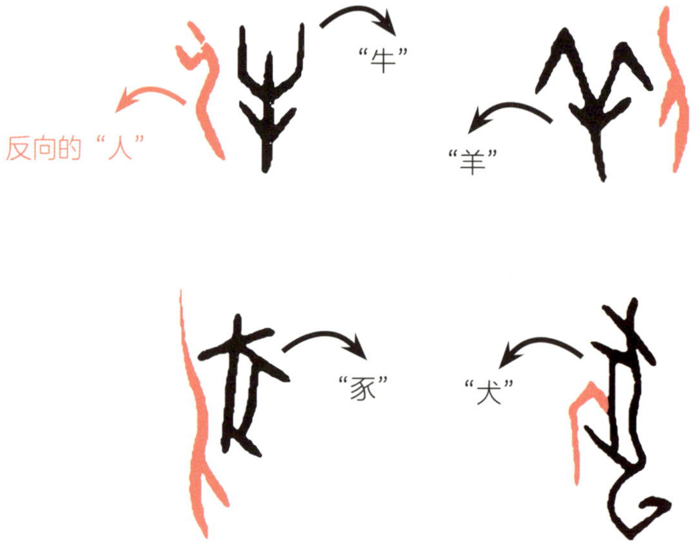

甲骨文“牝”

与“牝”字相对应，代表雄性动物的“牡”字，最初的字形由一只动物和“土”字组成。在这里，“土”是“且（祖）”的简写，而“且（祖）”是男性生殖器官的象形，代表雄性。

与“牝”字同理，早期的“牡”字同样涉及许多动物，篆书成熟以后，“牡”固定为“牛”“土”的组合。

由此一来，牛就成为所有动物的代表。

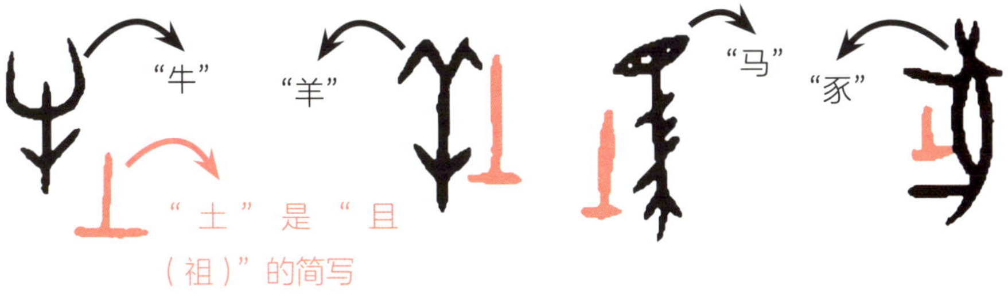

甲骨文“牡”

从造字角度来看，“物”的早期字形一边为“牛”，一边为耒耜耕地翻起尘土之象。“牛”代表天下有生命之物，耒耜翻起的尘土代表无生命之物，二者组合在一起就指天下万物。这大约是古人造这个字的逻辑所在。

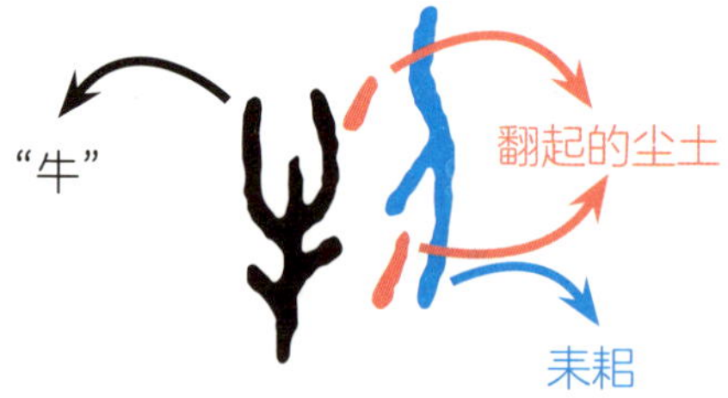

甲骨文“物”

羊所蕴含的文化内涵多与它的温顺性格相关。

首先，羊是吉祥的象征。

最初，古人直接用“羊”字表达吉祥之义。后来，在“羊”的旁边加一个表示祭祀高台的“示”字，就成为今天“吉祥”的“祥”字，表示通过祈祷获得美好的结果。

甲骨文“祥”

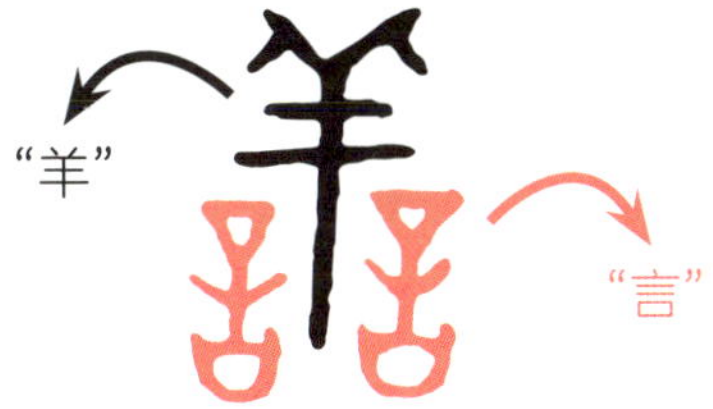

金文“善”

其次，羊是善的象征。

金文的“善”由一个“羊”字和两个“言”字组成。这个字形有两层含义：第一，这种吉祥或者美好是表达出来的，不是隐性的，所以用了“言”字；第二，因为加了两个“言”字，所以这吉祥或者美好是被大家普遍认知的。

关于“善”，我们都熟悉老子的一句话：上善若水。

水的天性是由高向低地顺势而流。所以，老子认为最高境界的“善”，就像水一样，顺从于道。

顺势而不逆势，居下而不处高，示弱而不逞强，这就是“善”。那么，“善”的功用是什么呢？

老子说：“夫唯不争，故无尤。”尤，怨咎也。“无尤”就幸福，“无尤”就快乐，而幸福和快乐正是人生的终极追求。

由羊到善，由善到水，以老子为代表的先贤为我们找到了通往幸福的道路。

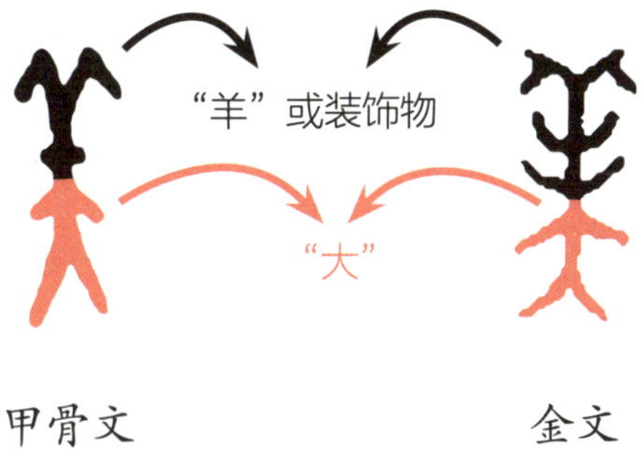

美

再次，羊是美的象征。

《说文解字》中说："美，甘也。从羊从大。羊在六畜主给膳也。美与善同意。""美"是"羊"和"大"的组合，意指大块的羊肉为美味。

按照《说文解字》中的理解，"美"的本义是美味，但从其更早出现的甲骨文和金文字形来看，"美"就像一个人戴着像羊头一样的头饰，会意人的装饰之美；还有人认为字形的上部未必是羊，而是一种类似羽翎的装饰物，所以"美"最初特指形象美。

最后，羊是义的象征。

汉代鎏金羊铜灯

“义（義）”由“羊”和一种带锯齿的工具组成，这种带锯齿的工具用于切割祭品，后来被隶定为“我”字。以“我”割羊，成就祭祀的礼仪，所以“义”的本义是礼仪，后引申出法度、适宜的含义。为了区别，古人用“义”专指法度、适宜，再加上单人旁，造出“仪（儀）”字，表示礼仪。

后世的儒者把“义”提升为一种精神层面的崇高追求，为追求这一目标，甚至不惜牺牲生命，正如孟子所说的舍生取义。

羊的以上几种文化含义，最终都指向了顺。**顺，蕴含着中国人对宇宙和人生的认识，蕴含着敬畏、感恩等顶级智慧。**

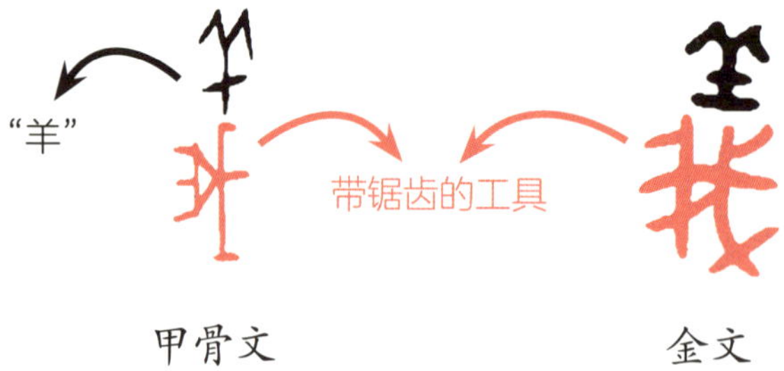

义（義）

“豕”和“犬”，今天一般称作“猪”和“狗”。

我们已经知道，古人根据牛角和羊角的区别，分别造出了“牛”字和“羊”字。那么，豕和犬的区别是什么呢？古人关注到了两者尾部的不同特征——豕是短尾下垂，而犬是长尾上翘。

商代金文的图画性较强，一头肥肥的猪短尾下耷（dā），一条瘦瘦的狗长尾上卷，一眼就可以辨别出来。甲骨文则有符号化倾向，二者身体部分很难看出区别，但尾部完全不同，一个朝下，一个朝上，由此分辨猪（豕）和狗（犬）。

甲骨文“豕”

甲骨文“犬”

商代金文“豕”

商代金文“犬”

“豕”的含义是家猪，野猪用“彘”来表示。在甲骨文和金文中，“彘”的明显特征是身上有一支箭，表示这是狩猎所得。

金文“豕”

那么，猪是从什么时候开始被驯化的呢？从史前时代的文化遗存看，猪的驯化在中国各地或许并不完全同步，北方似乎更早一些。比如，河南贾湖遗址出土的猪骨，已经表现出家养的特征，所以，猪的驯化至少有八九千年的历史。

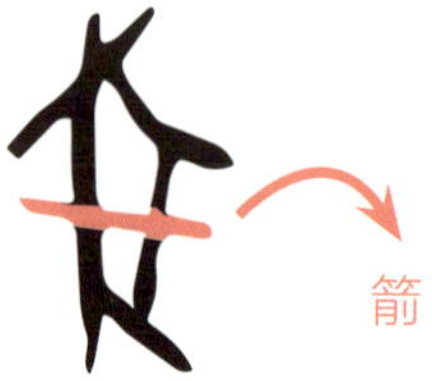

甲骨文“彘”

猪被普遍养殖，应该是在农耕文明已经比较发达的时期。与牛羊的放牧不同，猪是圈养的，而定居是农耕民族的生活方式；而且，只有粮食有了剩余，猪的饲料才有保证。所以，猪也被当作农耕文明发达的标志。正是这一缘故，“豕”字参与了“家”的造字。

甲骨文“家”

在六畜当中，与人关系最亲密的，无疑是狗。

通过“狗”字的由来，我们可以看出狗看家护院的功能。

狗的一大特点，就是特别警觉，只要听到异样的声音，就会立刻竖起耳朵。所以，古人在造字时，就把一只狗蹲坐在那里，竖起耳朵仔细听周围声音的形象描绘了出来。“狗”的甲骨文写作，这个字形隶定为“苟”，上半部分代表狗的耳朵，如果要突出狗发出警觉的叫声，就再加一个“口”，成为“苟”（现在写作“苟”），并由此衍生出“敬”字。

东汉陶狗

金文“苟”

金文“苟”

金文“敬”

狗还有一个功能是帮主人狩猎。古人由此造出了“兽（獸）”字。“獸”字一边是狩猎工具的象形，一边是“犬”字，会意携犬打猎。

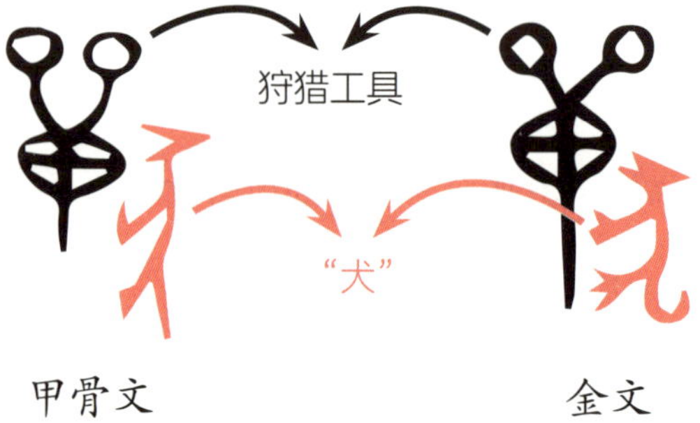

兽（獸）

六畜当中，还有鸡和马。

“鸡”的造字有两种思路：一种是直接画一只鸡，另一种是用“奚”和鸟形组成形声字。“奚”在这里不仅是声符，而且表示用手把鸡抓住并用绳子捆起来，这也是鸡变成家禽的标志。

鸡的驯化或许可以上推到万年之前，因饲养普遍，鸡也逐渐被赋予了许多文化内涵。

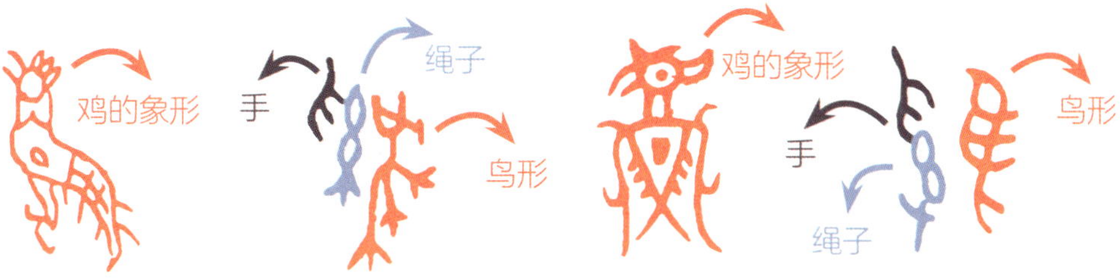

甲骨文　　金文

鸡（雞、鷄）

《韩诗外传》中首次讲到鸡有五德：文、武、勇、仁、信。

雄鸡有高耸的鸡冠，犹如士大夫的冠冕，因此生发出文德之义。鸡足上有距，是雄鸡用来搏斗的武器，因此生发出武德之义。雄鸡不怯于斗，因此生发出勇德之义。雄鸡发现食物，不是自己独食，而是唤来同伴一起享用，因此生发出仁德之义。雄鸡天明则鸣，从不误时，因此生发出信德之义。

这些品德，是古人从鸡身上发掘出来并用以自勉的，因此与其说是鸡的品德，毋宁说是古人自己向往的高尚品德。

鸡与人类关系密切，成了人类生活中不可或缺的存在。走在路上，只要隐隐听见鸡叫，行人就知道离有人居住的村落不远了。**鸡犬之声因此成为人间烟火气息的象征。**

“马（馬）”字作为象形字，无论是甲骨文还是金文，都比较难写，古人在造字时，主要抓取了马的尖耳、大眼、鬃毛、尾巴等特征。后来，字形逐渐符号化，并规范为“馬”的写法，如今简化为“马”。

甲骨文　　　　金文

马（馬）

对于农耕民族来说，马最初的使用，与车紧密相关。换句话说，没有马，就没有车的出现。这一点，在“车（車）”的构字中可以清楚体现。

从最初“车”的字形来看，衡的两边各有一个轭（è），而轭就是用来控制马匹的。

不过，从先秦车马坑的出土情况来看，车的广泛应用，也反过来为马的驯化进程按下了加速键，推动了马养殖规模的爆发式增长。

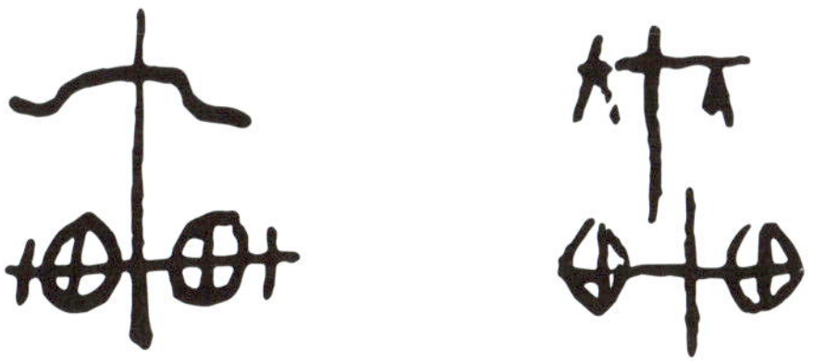

甲骨文

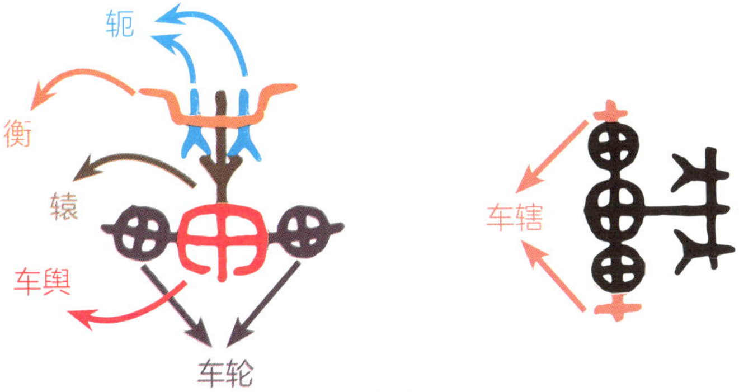

金文

车（車）

作为文化符号的动物，除十二生肖外，最重要的还有与天文有关的四象，分别是东青龙、西白虎、南朱雀、北玄武。

青龙

白虎

朱雀

玄武

四象中的龙，我们已经讲了很多，而代表西方的虎，常常与龙相对应。

“虎”是一个象形字，甲骨文和早期金文的“虎”字都有花纹等特征，张大的虎口描摹的是老虎吼叫时凶猛的样子，而“虎”字的发音，也来自老虎的吼声。

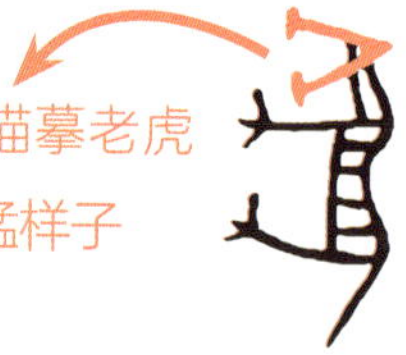

甲骨文

金文

虎

虎啸带来的空气震动，传导为心理的振奋，因此，虎成为阳动最好的象征物，进而被赋予了生气勃发的文化含义。在这个含义上，虎变成了温暖乃至吉祥的符号，面相从恐怖转换为可亲，比如民俗当中的虎头鞋，比如一个活泼健壮的男孩会被夸“虎头虎脑”，比如“龙腾虎跃”等成语。

有“虎”参与的构字，还可以生发出其他的文化含义，比如“虑(慮)”字和“虔”字。

“虑（慮）”由“虎”字头与“思”构成，会意头脑里总有一只老虎的形象，进而表示对危险状况的担忧。所以“虑”字最初的含义是因恐惧而引发的担忧，后来泛指一切类型的担忧，还引申指长久或深刻的思考。

不过，凡事总有两面性，这种担忧情绪未必都是负面的。**对危险状况的担忧，反而正向生发了中国古人重要的处世法宝——敬畏心。**

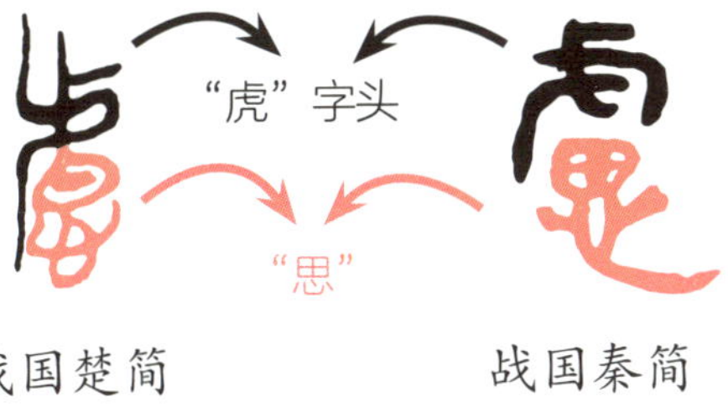

虑（慮）

“虔”由“虎”字头和“文”构成，会意老虎的花纹。老虎身上的花纹为何会与虔敬之义产生关联呢？

《说文解字》对“虔”的解释是“虎行貌”。虎走起路来，身上的花纹像在流动，虎的气场由此得到增强，从而让人心生敬畏。

可见，虎身上流动的花纹与人心中波动的恐惧是联动的。

金文“虔”

如果你时刻心怀敬畏，防患于未然，那么当危险真实发生的时候，你通常已有充分的准备。

当敬畏心升华为一种人类文化，虔敬就不再是个人的心理活动，而是一种群体意识。

四象中的“朱雀”，是鸟类的代表。

最初的“鸟（鳥）”字是一只鸟的简笔画，在后来符号化的演变中，主要凸显了鸟喙和鸟翅的特征。

不过，“鸟”字在演变过程中逐渐分化为两种字形，一种是“鸟”，一种是“隹”（zhuī）。“鸟”字依然用在鸟的含义上，而“隹”字更多地用于构造其他字形，如雕、雉、雌、雄等。

甲骨文　　金文

鸟（鳥）

甲骨文　　金文

隹

如果在“鸟”或者“隹”的上面加一个“小”，就构成“雀”字，最初意为小鸟。比如麻雀、云雀、金丝雀等，都是体型较小的鸟。

“孔雀”虽然也称“雀”，但“孔”字表示大，因此孔雀意为“大鸟”。四象中的“朱雀”也是一种大鸟，其原型或许来自孔雀，或许来自凤凰。

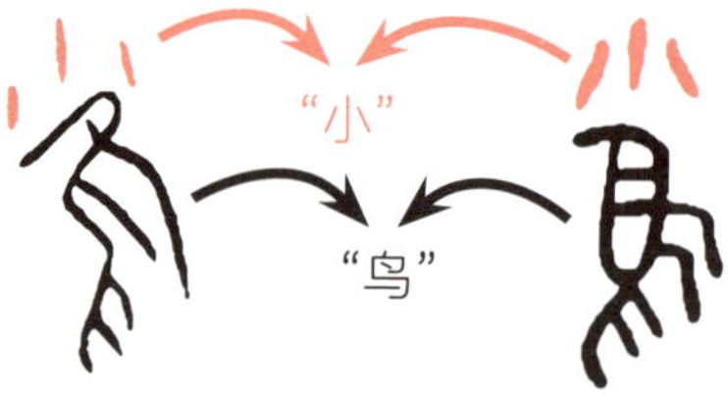

甲骨文　　金文

雀

四象当中的“玄武”比较奇特，它是由龟和蛇两种动物组成的。

中国古代不仅有四象文化，还有四灵文化。在四灵当中，龙、凤、麒麟都是想象中的动物，唯有龟是真实存在的。

为什么其貌不扬的龟可以跻身“四灵”之列呢？

首先，龟被许多古老的文明视为建构天地的重要功臣。

远古时期的人类，常把龟与天地的开辟或重建联系起来，比如在古印度和美洲印第安人的传说中，人们栖居的大地是被一只巨龟驮在背上的。还记得前面提到女娲补天之后，借来巨鳌的四足来支撑天空吧？所谓的巨鳌，就是巨龟。

其次，龟的长寿也使其成为远古时期重要的文化符号。

古人虽然不能确知龟的寿限，但普遍认为龟是最长寿的动物。古文献记载：龟千年生毛，寿五千年称之神龟，万年称之灵龟。可见，古人认为，龟中绝品的寿命可达千年万年。

最初的“龟（龜）”字就是一只龟的形象，有正面的，也有侧面的。

甲骨文

金文

龟（龜）

无论是四灵还是四象，都体现了古人的五虫观念。在四灵当中，龙是鳞虫的代表，凤是羽虫的代表，麒麟是毛虫的代表，龟是甲虫的代表。而在四象当中，也有龙与龟，只是把羽虫换成了朱雀，毛虫换成了虎。

四象代表四个方位，在四个方位的中央，就是作为万物之灵的人。

除十二生肖、四象、四灵外，对中国古代文明具有重要影响的动物还有鹿和大象。

鹿的轻灵与优雅，成就了古人内心深处对另一个世界的想象。于是，鹿在尘世的边缘游荡，一会儿亲近，一会儿疏离，时常拨动着古人梦想的弦，悠扬而缥缈。

对于这一大地的精灵，古人是如何汲取灵感，把它引入文字世界的呢？最简单的办法，就是用简洁的线条把它画下来。古人通过观察，撷取了硕大多歧的鹿角与机警的鹿眼来表现鹿的特征。

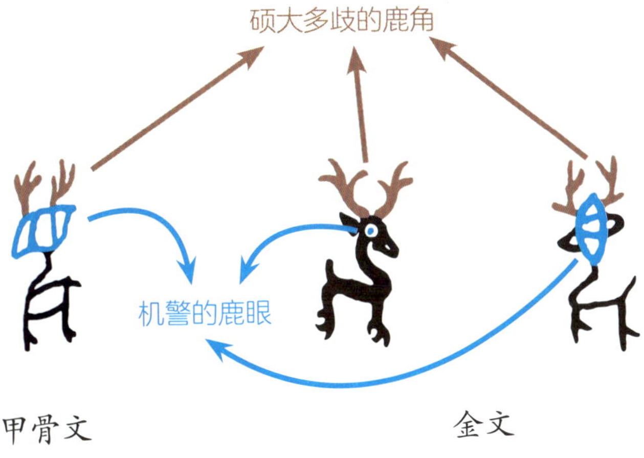

鹿

在中国古代文化中，白鹿是神仙世界中的灵物，比如南极仙翁的坐骑就是白鹿。据说，鹿年龄超过五百岁，毛色就会变白，所以白鹿象征长寿。而白色所具有的长寿意蕴，应该是来自长寿老人白发白须的特征。

除了象征长寿外，白色还有另外一重寓意，即未染之色、天然之色，也就是本色。道家认为，尘世犹如一个大染缸，远离尘世玷染，则可葆有原色，所以白色还象征着纯素不染，如老子所说的“见素抱朴”。

“鹿”谐音福禄寿的“禄”，深受民间艺术创作欢迎，常常出现于各种用品如瓦当、铜镜、家具之上。所以，鹿在中国古代的吉祥文化中同样占据重要的地位。

“象”的甲骨文和金文字形就像一头大象。象的身体及四肢跟猪比较接近，但它最显著的特征是长长的象鼻与象牙。

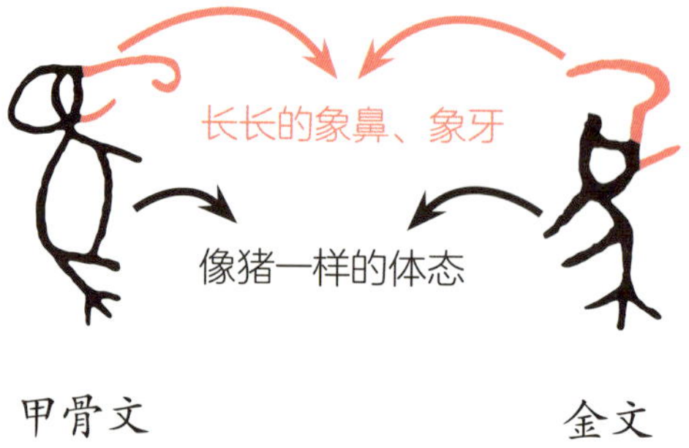

象

正如“物”代表世间万物一样，因为大象是古人眼中体型最大的陆生动物，所以人们在以“牛”象征一切动物的基础上进一步拓展升级，用“象”代表万物呈现的状态。

与“象”密切相关的还有一个“为（爲）”字。

“为（爲）”的字形像一只手牵着大象的鼻子。人牵着大象走，可以役使大象参与农耕、运输货物，这是“为”造字的本义。

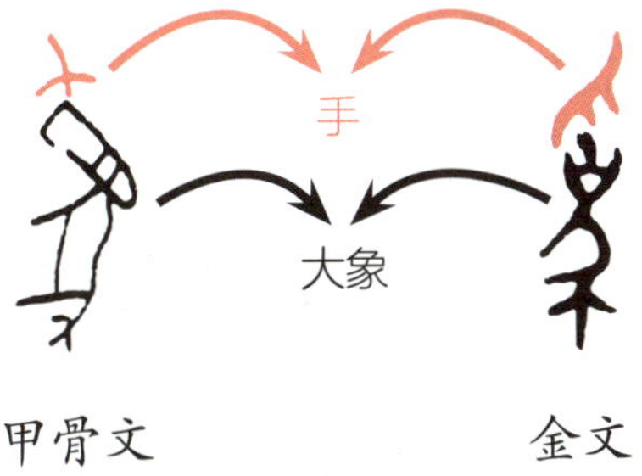

为（爲）

非常神奇的是，“象”还是解锁老子“无为”思想的钥匙。

大象本来是自由自在的野生动物，可以按照自己的意志行走，但人通过手牵，加入了人为的干预，大象就只能按照人的意愿行走了。

如果用大象来象征万事万物的运行规律，一只手的出现，就成为人类对自然的干预，而对自然的过度干预，又会造成人类社会的困境。

由此，我们就理解了“为”和“无为”的含义：

“为”，是牵着大象走；而“无为”，就是放开牵象的手，让大象自己走。

所以，老子所说的“无为”，其实就是放手。

人与动物的故事几天几夜也说不完，因为作为“五虫”之一的人，实在与动物分割不开，即使从现代基因学的角度来看，人类与各种动物也都有惊人的相似性。所以，一切动物都是人类的地球兄弟。

在浩瀚的宇宙之中，生命是一场奇迹，而人又是生命世界中的奇迹。

中国古人信守天人合一观念，骨子里就有生态保护的意识。在科学昌明的今天，我们更应该放下那把破坏生态链的剪刀，将地球复原为包括人类在内的所有生命的乐园。

办法就是：

放开你的手，让大象自己走！